JN083282

自叙伝 蝶野正洋 I am CHONO

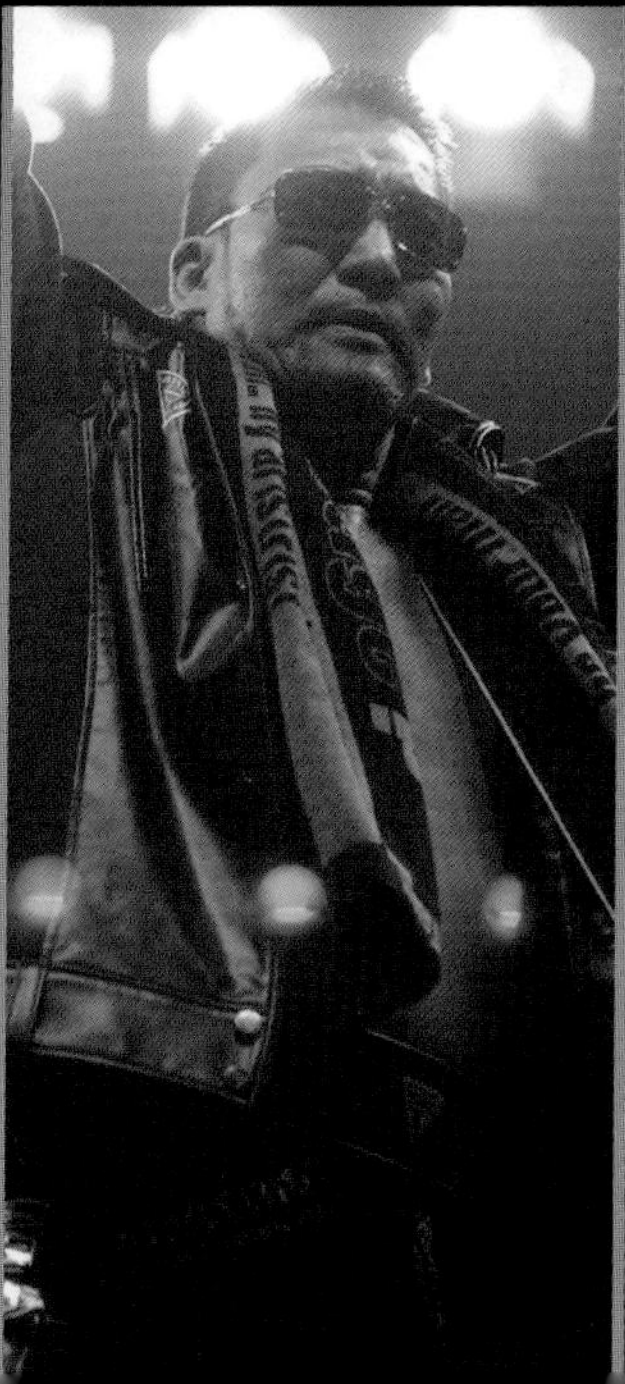

geborene Kämpfer
119
Kämpferin
119
110

自叙伝
蝶野正洋
I am CHONO

蝶野正洋・著

竹書房

プロローグ—白と黒の告白—
Prolog White and black confession

「人生一〇〇年時代」と言われる。二〇一九年九月に五六歳になった俺は人生の前半が終わり、後半がスタートしている状況だ。ひとつの節目だと思う。

プロレス人生としては二〇一九年でデビュー三五周年を迎えた。これもまたひとつの区切りだ。プロレス人生にしても前半戦が終わり、後半戦がスタートしたくらいの気持ちでいる。

つまり五〇代半ばにしてさらに前に進むため、このへんで一度半生を振り返り、自叙伝を出版してみようと思ったわけだ。

出版にあたり、必死に己の過去を辿った。記憶の曖昧さに驚いた。優勝したとかベルトを巻いたなんてことはあまり覚えていないし、歴戦の試合内容もほとんど忘れている。

喜びは瞬間的な感情で継続はしない。痛みすらも忘れるものだ。あれだけ苦しんだ首のことも今はもう忘れている。痛みがとれた瞬間に人は痛みを忘れる。だから生きていけるし、だから油断をして繰り返すのだろう。

記憶を辿るというのは難しい。思い出を振り返るというのは、当時の俺はこんな風に思っていたはずだ、と想像する作業だ。

しかしそこには、必ず現在の自分の考え方、現在置かれている環境というバイアスがかかってくる。例えば俺は今回五六歳で自叙伝を出版した。仮に七〇代でもう一度自叙伝を出してみたとする。すると内容が変わる可能性が大いにあるのだ。五〇代の俺と七〇代の俺とでは、考え方も置かれている環境も違う。違う人間が過去を振り返るのだから、違ってくるはずなのだ。

アメリカでは一〇年おきに自叙伝を出版するプロレスラーが結構いる。商魂逞しいものだと思っていたが、自分が出版するにあたって彼らの気持ちが少しわかった気がする。記憶というのは時間の経過とともに変化していく。読んではいないがきっと、彼らの自叙伝は毎回内容が違うのだろう。

読者のみなさんの中にも、戸惑われる方がいると思う。「蝶野のやつ、前に言ってたことと違うじゃねぇか」と。理由は今言ったようなものだ。ご容赦いただきたい。

現役選手の頃、俺がマスコミに放っていた発言というのは、いわゆる表のストーリーに対するものだ。試合そのものについての感想や、選手としての意気込み、バックステージでの出来事といったことについての発言に終始していた。

会社の経営や業界の政治的な事情、選手たちとの個人的なやりとり、家族のことなどプライベートな面を含めた裏のストーリーについては、発言は当然少なかった。

表のストーリー、裏のストーリー。色分けするなら白と黒。今回、俺の白と黒のストーリーを拙著で語りたいと思う。

通常、自叙伝というものには冒頭に謝辞がある。関係各位、家族、友人、そしてファンへ向けた感謝の言葉だ。

申し訳ないが、謝辞はない。

なぜなら俺はまだまだ走り続けているからだ。レースの最中にお礼を言うことはできない。ゴールはまだ遥か先で見えないのだ。

ずっと俺を支え続けてくれている妻のマルティーナへも同様だ。毎日、「ありがとう」と口にすることはあっても、改めての謝辞はない。彼女は俺と二人三脚で一緒に走り続けているからだ。

いつかこの先、走るペースが少しずつゆっくりになっていって、やがて駆け足をやめて歩き始めた頃にまた本を出す機会があったら、その時に改めて謝辞を述べたいと思う。

さあ、では俺の自叙伝を書きださせてもらおう。

第一章

青春のけじめ

Chapter1 Distinction of youth

1963–1983

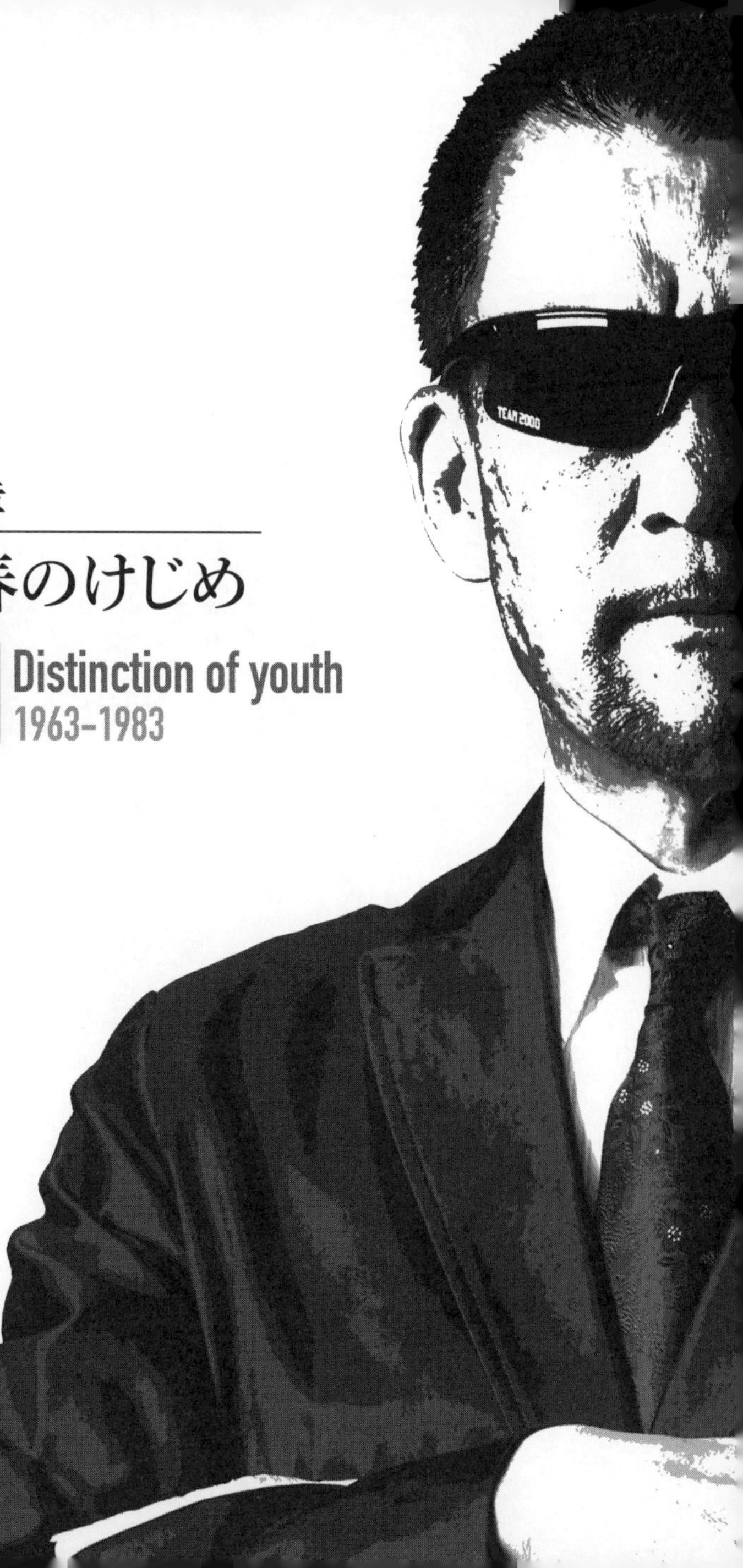

シアトル生まれ、渋谷育ち

俺は米国・シアトルで生まれた。

というと、帰国子女だとかエリートだとか思われることがあるが、そんなことはない。シアトルは製紙会社に勤める父親の赴任先で、二歳半の頃には一家で日本へ帰ってきたから何の記憶もないのだ。ましてや日本の文化に馴染みがなかったため、帰国してしばらくは畳の上に平気で靴であがってしまうようなありさまだったらしい。

ごく簡単な英語は話せたものの、日本語を話せるようになったのは遅かった。

思い切り日本人の顔をしているのに日本語が話せない。それは子供たちの世界において、いじめの理由としては充分すぎるものだった。そのため俺は保育園に入った当初はいじめられていた。

日本に帰ってきて最初に住んだのは川崎だ。同い年の男の子とそのお兄ちゃんに、社宅の裏山に呼び出された。二人はうまく日本語が話せない俺をからかったのだが、返り討ちにして泣かせた。

四六〇〇グラムオーバーで生まれた俺は体の大きさから〝豆ダンプ〟なんてあだ名がつけられていた。だから俺を馬鹿にしたり、傷つけようとする敵に対しては、腕力で自分を守ることができた。

川崎には半年もいなかったと思う。幼稚園に入園するタイミングで渋谷へ移った。

一九六〇年代後半当時の渋谷は、山手通りでの安保反対のデモ行進や、道端で傷痍《しょうい》軍人が物乞いをする光景が見られた。幼い俺には、ボロボロの軍服姿で腕や足が片方ない人たちの姿は、言葉を失うほど強烈な印象だった。

「そんな風に見ちゃダメよ」

怖がりながらもついつい覗き込んでしまう俺をお袋がたしなめた。

お袋は愛媛県の生まれだ。松山から遠く離れた田舎町の町医者の娘だった。彼女の父親、つまり俺の祖父は、ただでさえ医者不足の地域でお金のない人も診ていた赤ひげのような存在だったらしい。ゆえにその娘であるお袋は、地域の人たちから〝お嬢〟として扱われていた。

祖父は貧しい人からはお金をろくに受け取らないで診ていたくらいだから、医師として財をなしたわけではない。ただ戦後の混乱期に株の運用でかなり儲け、娘を東京の大学に進学させ、仕送りもしっかりしたものだったらしい。

お袋は大学卒業後に地元へ戻り、花嫁修業を経て結婚した。就職もしたことがない、いわゆる箱入り娘だ。世間知らずなのだが、よく言えばスレてない。お金のない人にも手を差し伸べる医師を父親に持ち、「困った人がいたら助けなさい」と教えられ、それを純粋に信じて生きてきた。だから息子である俺にも、人としての道徳や正義を真っ正直に丁寧に説いたのだ。

「マサヒロちゃん、困った人がいたら助けてあげなきゃだめよ」

渋谷で傷痍軍人に好奇の目を向けていた俺を諌めたのも、そういうお袋の出自によるものだ。

親父は三兄弟の次男として、お袋と同じく愛媛県に生まれた。一七六センチと、昭和四年生まれとしてはかなり大柄だ。子供の頃はずいぶんな悪ガキだったようだが、戦中に病気で兄を亡くしたことをきっかけに更生したという。

高校ではサッカー部と勉強を両立させ、国立の九州大学へ進み、卒業後、就職。高度経済成長期をサバイバルしてきた猛烈社員である父親の口癖は、「歯を食いしばって頑張れ」「弱い者いじめはするな」「人を信用するな」というものだった。渋谷でホームレスを見かけた際、親父は幼い俺に言ったものだ。

「勉強しないと、ああなるぞ」

お袋は「困った人がいたら助けてあげなきゃだめよ」。親父は「人は信用するな」。幼かった俺は正反対にも思える両親の言葉に挟まれ、「どうすりゃいいの?」と混乱した。とはいえ、やはり子供にとっては母親の言うことのほうが理解しやすかった。わかりやすい理想論だからだ。

親父の言うシビアな現実は、子供にはわからなくて当たり前だった。今ならわかる。どちらも間違っちゃいない。お袋は息子に理想を語ったのだし、親父は息子に現実を教えたのだ。

ただ両親はともに愛媛の田舎から出てきた人間だから「東京の人間は簡単に信用するな」と俺によく言って聞かせた。

1歳頃、父の赴任先である海外にて母に抱かれ記念撮影。

自家用車に父と2人で。父は製紙会社勤務の猛烈社員だった。

とはいえ親父は何も、俺に人間嫌いを奨励していたわけではない。例えば「貸した金はあげたものと思え」とよく言っていた。返ってくると思うから返ってこなかった時に「裏切りだ！」と相手を憎む。あげたと思えば腹も立たない、と。実際に父親は返ってこないものとして、困っている人に金を貸していた。

そんな我が家が川崎から渋谷に引っ越して入居したのは、親父の勤める製紙会社の社宅だった。代官山にほど近い渋谷区鉢山町周辺は、電電公社、伊藤忠、ノースウエスト航空など超の付く一流企業の社宅がたくさんあった。入居者の多くはマイホームが持てる日を夢見る二〇代のエリートサラリーマンたちだ。将来は安泰だろうが、まだまだ安月給だから生活自体はみんな慎ましいものだった。

とはいえ、教育熱心な家庭が多かった。若夫婦たちは生活を切り詰めて、子供たちの塾や習い事に力を入れていた。小学三年生になる頃には、近所の子供たちは例外なく塾通いとなっていた。

蝶野家も例外ではなかった。俺も遅ればせながら四年生で塾に入れられた。

ただ、あいにく真面目に勉強をした覚えはない。成績は出来もしないが底辺でもなく、通知表はオール3だった。

社宅の子たちは勉強が出来る子ばかりだった。俺と毎日泥んこになって一緒に遊んでいた同級生は、四年生の頃には偏差値の高い隣町の小学校へ転校していった。あいつは俺とあれほど遊び

小学校の入学式。4年生までは
渋谷区の学校に通っていた。

ながら、一体いつ勉強していたんだろう？　ちなみにのちに慶応大学へ進学したと聞いた。兄貴は東大だ。

小学一、二年生までは、スポーツが出来て、やんちゃな子がボスを張るものだ。俺がそうだった。しかし三、四年生になってくると、勉強とスポーツの両方できる子がヒーローになる。H君という広島からの転校生がそうで、どちらも出来るからクラスのリーダー的な存在だった。俺は勉強で敵わないのは仕方ないとして、自信があるスポーツで負けるのが悔しかった。

H君のような神童でなくとも、やけに長距離走が速かったり、すごい段数の跳び箱を飛んだり、一芸に秀でる子たちがいるものだ。だから俺は一位をとれなかった。どんなジャンルのスポーツでも二番手か悪くても三番以内にはいるのだが、一位になれないのだ。

身長もそう。俺は大柄で常に背の順で最後のほうにいたが、俺の後ろに一人はさらに大きいのがいた。

三兄弟の末っ子だから、家ではいつもナンバー3。だから学校では一番になりたいのだが、それもかなわず。生来の負けず嫌いで目立ちたがり屋だったから、余計に悔しかった。

苦い思い出

小学五年生の頃、渋谷から三鷹へ移り住んだ。一九七〇年代中盤の三多摩地区は都市開発が進み始めた頃で建設ラッシュ。新興住宅がどんどん建てられていた。一生懸命働いた親父のおかげで、蝶野家は社宅を卒業して一軒家に住むことができるようになったのだ。

真新しい分譲住宅の周辺は畑が広がっていて、まるで県外に越してきたような感覚だった。渋谷区立猿楽小学校は小さな小さなコンクリートのグラウンド。三鷹市立北野小学校は大きな大きな土の運動場。あぜ道の通学路を走り、大きな校舎へ登校するのはワクワクした。

渋谷から来た転校生は、三鷹の子供たちからすれば都会っ子。しかもアメリカで生まれたらしいとなると、もうエイリアン扱いだった。

転校初日。早速、俺は値踏みされることになった。I君という隣のクラスのガキ大将が吹っ掛けてきたのだ。お行儀の良い渋谷の小学校にはガキ大将など存在しなかったから、俺は面食らった。

「おまえ、渋谷から来たらしいな」

転校生の運命は最初で決まる。I君は右腕を差し出しながら、ストレートな〝試験〟を課した。

「おい、腕相撲しようぜ」

俺は一瞬でI君の腕を机に叩きつけた。

「お、お、おまえ、つえぇなー。放課後、野球やろうぜ！」

腕相撲が強く、遠投で六〇メートルを投げる小学生だったから、その後ナメられるようなことはなかった。

ちなみにこのI君というのは、その後の中学でも一緒だったのだが、いつも喧嘩の火種を持ち込んでくる困ったやつだった。どこかに喧嘩を売りにいってはやられて帰ってきて、俺が仕返しに行くという……。

俺は転校生として極めて順調なスタートを切った。順調というか、出来すぎだった。スポーツのみならず、なんと勉強も出来た。出来てしまったのだ。

渋谷の頃に通わされた塾では、一年くらい先取りした勉強をさせられていた。小学校の授業が復習のようになっていたのだ。なんせ渋谷では優秀な子たちが通っていたからレベルが高かった。というわけで、三鷹での授業内容は全部すでに渋谷の塾で習っていた内容だったから、出来て当然だったわけだ。スポーツも勉強も出来る。俺はさながらスーパー転校生だった。

スーパー転校生は自然にクラスのリーダーに押し上げられた。渋谷の頃、スポーツも勉強も両方できたH君はヒーローで眩《まぶ》しい存在だったが、そのポジションに俺が座ったのだ。最高にいい気分だった。

引っ越して早々に大勢の子分たちが出来た俺は、人の上に立つ者としての使命感と責任感に燃えた。子供とはいえ、そういう志はあるものだ。

クラスの雰囲気は、リーダー次第で決まる。リーダーの考え方ややり方がクラスのノリを決めるのだ。例えば隣のクラスはリーダーが悪い奴だったから、陰湿ないじめが横行していた。そればかりか、金利を付けての金貸しなんて、あくどいことまでも行なわれていたのだ。

俺の統治するクラスでいじめはなかった。リーダーとしていじめを許さなかったからだ。「弱い人を助けてあげるのよ」という母親の教えと、「喧嘩するなら絶対負けるな」という父親の教えを守り、いじめを見るに見かねて隣のクラスへ殴り込みをかけたこともあった。遠足先で他校の小学生と揉めた時も「蝶野！　来てくれ～！」とみんなが呼ぶ声に飛んでいった。

スポーツも勉強も喧嘩も全部できた俺は慕われた。一声掛ければ、みんな子分のように後ろをゾロゾロついてきた。有頂天になった俺は、三鷹から調布への壮大なサイクリングイベントを計画した。

「多摩川のほうまで走ろうぜ」

号令一発で集まったのは二〇人ほど。

「よし、行くぞ！」

エンジンがついていれば暴走族だが、自転車だからかわいいものだ。しかしそれだけの台数で小学生が馬鹿みたいにペダルを漕いでいるんだから、トラブルが起きないわけがない。案の定、一人の子が転んで怪我をしてしまった。かすり傷を応急処置したのだが、血が派手に滲んでしまったため、「もう走れない」とその子はギブアップを宣言した。

「蝶野、どうする？」

仲間たちが一斉に俺を見た。サイクリングを中止するか？　続行するか？　あるいは他に名案はあるのか？　リーダーとして決断を迫られたのだ。

みんなこの日を楽しみにしていた。なんとかゴールの多摩川まで連れていってやりたい。俺は続行を決めた。怪我をした子には気の毒だが、みんなのためには仕方がないと考えた。怪我した子をこの場で待たせておき、まずはみんなでゴールして、帰り道に一緒に帰ろうと決めた。

翌日。

俺は仲間外れにされた。一週間くらい誰も口をきいてくれなかった。怪我をした子を置いて、みんなをゴールさせるという俺の決断が許されなかったのだ。

リーダーとは何か？　初めて真剣に考える機会だった。リーダーは絶対に仲間を見捨てちゃいけない。脱落しそうな人間も最後まで一緒に連れて行かなければならない。先頭に立って率いていく強さが必要とされると同時に、一人一人に対する優しさも不可欠なのだ。

俺はこの一件以来、大人になってからも常に周囲に目を配るようになった。元気がないやつ、出遅れているやつ、つまずいているやつを気にするようになった。

例えば新日本プロレスの選手会長時代のことだが、怪我をしてリタイヤした選手を放っておけなかった。プロレスにおいて選手の怪我による離脱なんて日常茶飯事。そんな他人のことは気にせず突っ走っていかなければ、サバイブしていけない。怪我人に同情していたら、どんどん自分が置いていかれる世界だ。

それでも三澤威というレスラーがリタイヤした際、俺は会社に交渉して金を集めて学校に通わせ、トレーナーという第二の人生のレールを敷いた。

サイクリングでの思い出がなければ、「怪我は仕方ねぇ」と三澤君に構うことなく、ただ己の道を突っ走っていたはずだ。

ただし、これがビジネスの世界において何百人とか何千人という部下を束ね、率いていく場合は違ってくる。トップが一人一人の状況を把握し、確認することは不可能に近いから、部長や課長たちに現場でのケアを任せ、力強く前進していくことに専念しなければならない。

俺は少年時代のサイクリングの一日を一生忘れないだろう。こうして今でもたびたび苦味と共に思い出し、自分を戒める。

サッカー少年

サイクリングの一件を乗り越え、俺は再びリーダーを張ったのだが、結局、天下は半年足らずで終わった。スポーツと喧嘩は相変わらず優秀だったが、勉強のほうがどんどん落ちてきて本来の俺に戻ってしまったからだ。渋谷の塾で、学習内容を一年先まで先取りしていたのに、どうして半年で貯金が尽きてしまったのだろうか。

とはいえ、焦って勉強を始めるような性格ではない。俺はリーダーを退く代わりにサッカーに熱中しはじめた。

実は蝶野家は昔からサッカーに縁があった。親父が学生時代にやっていたからだ。毎年初詣で明治神宮へ行ったその足で国立競技場で天皇杯を観る、というのが恒例行事だった。ヤンマー、日立、三菱といったチームの試合を今でもおぼろげながら覚えている。

俺のサッカー熱を決定的にしたのは、一九七四年の西ドイツワールドカップだった。

「バナナシュートって何だ?」

兄が持っていた雑誌にあったワールドカップ特集を読み、興味が湧いた。

「すげぇ足の筋肉だなぁ」

ペレやベッケンバウアーの雄姿を伝える写真に息を呑んだ。この当時は気づかなかったが、大人になってわかったことがある。俺は心のどこかに、海外に対する憧れをずっと抱いていたから、サッカー雑誌に惹かれたんだと思う。いつか自分の生まれた場所を見てみたい。サッカーはヨーロッパのスポーツで、当時は俺が生まれたアメリカではほとんどやっている人はいなかった。でも、小学生の俺には欧も米も〝海外〟という一緒のくくりだった。サッカーの向こうに、自分のルーツを見ていたのだ。

今ならわかる。アメリカだったらむしろ野球だ。日本のプロ野球の向こうにメジャーリーグがあるんだし、俺が生まれたシアトルにはイチロー選手が所属したマリナーズがあるのだから。でもメジャーリーグの情報は当時ほとんど入ってこなかったし、小学生の俺に海外を連想させるスポーツはサッカーだった。

五年生当時、東京12チャンネル(現:テレビ東京)で『三菱ダイヤモンドサッカー』が放映されていて、ヨーロッパの試合を伝えてくれたのだ。

俺は野球一色だった同級生たちに、サッカーの普及活動を始めた。サッカー自体に魅せられてもいたが、みんなが知らないことを知っている優越感や、先駆者になりたいという名誉欲もあったんだと思う。大学でサッカーをやっていた経験を持つ隣のクラスの先生に監督をお願いして、俺は小学校でサッカーチームを立ち上げた。以来、中学、高校とずっとサッカーを続けていくことになる。

不良という文化

小学校を卒業した俺は地元の三鷹市立第五中学に進んだのだが、この当時はかなり荒れていた。ボンタン、ドカン、短ラン、中ラン、長ラン、剃り込み、眉なし、金髪、アフロ、パンチ、アイパー。

「なんだ……このファッションは？」

渋谷で坊ちゃん嬢ちゃんばかりを見てきた俺は、不良という文化と接点もなかったし、詳しく知らなかった。

三鷹の小学校時代も腕白なやつは俺も含めてたくさんいたが、荒れた中学校の世界観は初めて触れるもので、異様に映った。

小学生の頃、俺が憧れていたスポーツ万能のN先輩は、ものすごいチョッパーハンドルの自転車をガニ股で漕ぎ、金髪のアフロを風になびかせていた。制服はもちろんバリバリの違反仕様なのだが、夏になると制服すら着ていなかった。アロハシャツで登校していたのだ。

N先輩はまだいい。三年生の裏の番長、いわゆる〝裏番〟のK先輩に至っては、学校に全然来ないから、一度しか見かけたことがなかった。

不良不良というが、登校しているうちはかわいいもの。本当の不良は義務教育である中学校にすらめったに来ない幻の生徒のことだ。

一度だけ学校で見かけたO先輩はN先輩と同じアロハ姿だったが、先生たちに向かって手を挙げて「おう、がんばれよ!」なんて声を掛けていた。

俺はカルチャーショックを受けた。男だけではない。スケ番も表番と裏番がいたのだが、より悪い裏番のT子さんもまた、俺は学校で一度しか見かけたことがない。T子さんはちんちくりんに小さいのだが、長いスカートを引きずりながら校内を練り歩き、何か大声でわめいていた。

「あれが伝説のT子か……」

俺は思わず後ずさりした。

「蝶野、ヤバいぞ!　こっちに近づいてきてる!」

「逃げようぜ!」

俺と友達はT子さんからのカツアゲを恐れ、その場から駆け出した。

しかし、最も俺の心を揺さぶったのは不良たちの身体能力だった。例えば裏番のK先輩だ。学校では一度しか見かけたことがなかったが、思わぬ場所でもう一度目撃した。俺が出場していた市の陸上大会に選抜されていたのだ。

K先輩は競技場の外で一服キメた後、二〇〇メートル走に臨んだ。金髪を振り乱し、他の真面目な生徒たちをぶっちぎっていた。

「カッコイイ……」

彼ら不良は運動神経抜群なのだ。正確にいえば、小学校時代に運動神経抜群だった者たちが、中学生になってみんな不良の道へ進んだということになる。運動が出来て、悪い雰囲気を漂わせている男子はモテる。中学生、高校生の男子なんて、「どうしたらモテるか」しか考えてない。当然、俺も感化されていった。

表と裏

少子化の今では考えられないが、第五中学は一学年が九クラスもあった。生徒数が多すぎるため各地で学校が増設され、俺は中学二年で新設の第六中学へ移ることになった。新設校で三年生がいないため、二年生にして最上級生になったのだ。

一度、隣町の調布の中学校の不良たちが第六中学に攻めてきたことがあった。

第五中学時代は三鷹や吉祥寺の駅前を歩いていても、「第五中学だ」と言えば、誰も喧嘩を売ってこなかった。K先輩やT子さんなどによる〝五中ブランド〟が地元に轟いていたからだ。しかし新設の第六中学はそういった歴史がない。だから周囲の中学から標的にされたわけだ。

他校から殴り込みをかけられたことをきっかけに、俺たちは話し合った。

「やっぱり、番長を決めておいたほうがいいんじゃないか」

組織作りをしておかなければ、今後喧嘩を売られた時に統制がとれないし、番長もいないような学校は、今後もナメられ続けてしまうという危機感を抱いた。

話し合いの結果、俺は裏番に就任した。喧嘩の際の陣頭指揮を執る裏の番長、のことだ。表の番長は違反制服に身を包み、ちゃんと登校する。学校の顔だからである。しかし裏の番長は学校には基本的に来ず、有事の際、つまり喧嘩が勃発した時に現れる。

ただし俺はK先輩などとは違い、裏番ではあるが学校には行った。家にいてもつまらないからだ。しかし、髪はアイパー、そしてボンタンやドカンを穿くようになっていった。

サッカーと少々の喧嘩で埋め尽くされた中学生活も卒業が迫り、俺は高校サッカーの名門・国学院久我山にスポーツ推薦のお墨付きをもらっていた。各科目三〇点で三教科合計が九〇点取れば合格できると言われていたのだ。

しかし俺は合計で八〇点しかとれなかったため不合格。高校浪人、もしくは中卒での就職を覚悟したのだが、かろうじて学区外の多摩の都立高校にひっかかった。

進学先が決まる前だったか後だったか忘れてしまったが、中学を間もなく卒業という頃、事件が起こった。渋谷から三鷹の小学校に転校した初日に「腕相撲やろうぜ」と声を掛けてきたⅠ君が発端だった。

高校受験の帰りの電車の中で他校の生徒四、五人と喧嘩になり、Ⅰ君が多勢に無勢でボコボコにやられてしまったのだ。

「Ⅰがやられたってよ」

「カタキ討つしかねーだろ」

「一人を寄ってたかってなんて卑怯だろ」

「目には目をだ。人数集めろ」

翌日。俺たちは相手が校舎から出てきたところに突っ込んでいった。相手は四、五人。ボコボコにされながらも相手は命からがら逃げていった。ただ逃げ遅れた一人が袋叩きに遭い、重傷を負って入院した。そしてこの喧嘩が新聞沙汰になってしまった。

「おまえ、高校に行けなくなるぞ」

先生に言われ、俺は口を尖らせた。呼び出しを受けたお袋は気が動転して号泣してしまった。

そんな中、親父は対照的だった。

「誰が一番最初に手を出したんだ？」

「俺です」

「ならいい。おまえから仕掛けたんなら、それでいい。後ろから金魚のフンみたいについてって、他人の喧嘩に乗るような男には絶対になるな」

上場企業に勤めていた親父は、息子が新聞沙汰の喧嘩をやらかしたことが社内で明るみになっていたら、立場が危うかったはずだ。〝子の責任は即親の責任〟という今の時代なら、完全にアウトだろう。

親父は「男なんだから喧嘩なんて当たり前」という人だった。喧嘩をするのが悪いのではなく、金魚の糞のように人の後ろにくっついていくことを良しとしない昔気質の男くさい哲学で生きている人だった。

ただ今にして思えば、その超硬派な考え方が常軌を逸している部分もあった。もう今から三〇年くらい前のことだが、親父は高校生の俺に広めの駐車場で車の運転の仕方を教えた。

「男なんだから、運転くらい出来なきゃダメだろ」

男らしさの基準が明らかにズレているわけだが、親父自身がかつて免許を取る際、先にバイクを買って、そのバイクで試験場へ行っていたのだ。もうそのへんは本当に、昭和一桁生まれの感覚だったのだ。

俺が喧嘩で捕まった際にも、警察署まで俺のことを迎えに来た親父の第一声は、いかにも親父だった。

「なんで捕まるんだ！　なんで逃げなかったんだ！」

そういう人なのだ。

ちなみに親父はバリバリのビジネスマンだったのだが、遅刻魔だったらしい。

社内では〝蝶野タイム〟と呼ばれ、親父にはミーティングの開始時間が早めに伝えられていたらしいのだ。

俺ものちにプロレスラーになってから、〝蝶野タイム〟という言葉が社内に広まるような遅刻魔だったから、血は争えないものだ。

ケンカ道

話を戻そう。俺はかくして卒業間近に新聞沙汰の喧嘩騒動を起こしてしまったわけだが、相手方や学校関係者等の穏便な計らいにより、どうにか高校生になることができた。

俺には自分なりのサッカー人生のプランがあった。東京代表に選ばれるような高校に入学して、選抜メンバーになって、六大学、この当時強かった早稲田あたりに進んで、社会人チームへ……。そんな夢があった。しかし、高校サッカーの名門である国学院久我山に合格できなかった時点で予定は大幅に狂ってしまった。

結局、二次募集でかろうじて引っかかった多摩市の都立永山高校へ通うことになったのだが、卒業間近に新聞沙汰の喧嘩騒動を起こしたのだから、高校へ行けるだけ良し、ともいえた。

俺はサッカーをやめようとは思わず、高校の部活でも続けることにした。そして高校入学に際して、ひとつの決心をしていた。高校生にもなったことだし、これを機にもう悪いことはやめようと。三鷹の第六中学から多摩の都立高校に進学したのは俺ひとり。誰も俺の過去を知らない。だったらもうおとなしく過ごして、サッカーだけ頑張ろうと。国学院久我山には行けなかったが、都立高でもコツコツやってりゃ報われるかもしれないと。

だから高校入学時は、ツッパリの服装ではなく、普通の制服で通学した。

(これから毎日、放課後はサッカーで汗を流す。俺は普通の学生になるんだ!)

そう心に誓った。しかし入学早々、ある噂が学校内に流れた。

「三鷹六中のやつがうちの学校に入ってきてるらしいぞ」

六中の悪名は多摩のほうまで轟いてしまっていたらしい。入学から一カ月もしないうちに、不良たちが俺の元へやってきた。

「おまえ六中だよな?」

「ああ、そうだけど……」

「一年生の番決めをしねぇか?」

「いやぁ……俺はそういうのはいいよ」

番決めというのは、文字通り番長を決めること。心を入れ替えた俺はきっぱり断った。喧嘩で新聞沙汰になったが、名前が出ていなかったことも幸いして、高校入学時は〝普通の高校生〟として通すことができたのだ。

というわけで俺は、サッカーに打ち込んだ真面目な高校三年間を経て、のちにプロレスラーになったのだった……というのは嘘だ。一度は番長を固辞したものの、二、三カ月でなし崩し的に不良ライフへ戻ってしまった。

好き放題の高校三年間で停学を四回食らった。本当は二回停学を受けた時点で退学になるのだが、先生の計らいで退学は免れた。

一年生の頃、こんなことがあった。電車の中で寝過ごして終点まで行ってしまったら、

「おい、起きろ！　てめぇ何寝てんだよ！」

日大三高の不良たちが、いちゃもんを付けてきたのだ。三年生が数人で一人の一年生を囲むなんて、卑怯な真似は絶対に許せない。

「なんだてめぇらは？　あぁあ!!」

俺は向かっていった。揉みあいになった時点で車内の人たちに止められて大事にはならなかったが、停学処分になった。すると体育の先生が言った。

「今まで三高の連中に歯向かった奴なんていなかった。今までやられっぱなしだったんだ。蝶野、よくやったな！」

その後も喧嘩で停学を食らい、本来なら累積二回で退学処分だったのだが、先生がまたしても

救いの手を差し伸べてくれた。

「わかってるよな？　本来なら退学なんだぞ。でもおまえはサッカー頑張ってるからなぁ。スポーツをちゃんとやったら卒業できるようにするから、スポーツだけは頑張れ」

俺は先生の言いつけを守った。学校をサボることなく、たいていは二時限目が終わる頃には行くようにした。体育で生徒が全員いない空き教室に入り、ちょっと早めの昼食だ。いろんな引き出しを開け、いろんな弁当を食べて、三時限目から放課後の部活までは体力温存のために熟睡した。

よく食べ、よく寝て、よく運動したわけだが、もうひとつ、よく喧嘩もした。中学、高校と喧嘩を繰り返していると、必ず辿り着く真理がある。先手必勝だ。

例えば駅前の通りかなんかを歩いているとする。目が合う。どこの誰かも知らないまま、次の瞬間には殴りかかっている。相手は鼻血を出しながら叫ぶ。

「なんだよ、てめぇは！」

俺は思い切り睨みつけながら、相手よりもデカい声で威圧する。

「永山高の蝶野だ！　いつでも来いよ!!」

これでたいていは戦意喪失。歯向かってくることはめったにない。もちろんこれは相手がガンを飛ばしてきた場合に限る。俺と目を合わせることなくすれ違っていくのならば何も起こらないし、うつむいて歩いている生徒をいきなり強襲するような真似はしない。あくまで相手が挑発してきた場合に、会話も予告もなく、いきなり近づいていって殴りつけるという手法だ。

　そもそも喧嘩で一対一、いわゆるタイマン勝負という状況は少ない。ほとんどが複数対複数だ。数少ないタイマン勝負では、例えば高校二年生の時に、ひとつ上の三年生とやったことがある。最寄り駅で睨み合いになり、ちょっと離れた竹藪まで移動して始まった。タイマンのため、お互いに不意を突く先制攻撃はしにくかったのだ。

　相手の身長は当時一八四センチだった俺と近い。かなり大柄だ。つかみ合い、殴り合い、転がって、力が拮抗していたためなかなか決着がつかない。お互いに疲れて肩で息をしている頃、通行人に止められた。

「おまえ、いい度胸してんじゃねぇか」

「おまえもな」

　聞けば、相手は某校の番長だった。

　本当にいろんなやつがいた。第六中学のひとつ後輩で、めちゃくちゃ強いのがいた。関東大会で優勝経験がある柔道の猛者《もさ》だ。喧嘩相手を容赦なく一本背負いでアスファルトに叩きつけたり、逆十字で相手の腕を折ったという話を聞いたことがある。もうこうなってくると喧嘩のレベルではない。

　こいつに限らず、格闘技をしっかり経験してきた人間はやはりレベルが違う。俺はひたすらパンチとチョーパン（頭突き）をするしかなかった。体格とパワーで強引に押し込んでいた感じだ。あとはメンタル。気持ちが折れるか折れないか。実はこれが一番デカい気がする。

不良が一〇人いても、実際に喧嘩が出来るのは一人いるかいないかだろう。残りの九人はファッション。カッコつけて、馬鹿なことをやって楽しければいいのだ。

高校の修学旅行で京都へ行った時、俺は確かめたくなった。一体何人が本当に喧嘩が出来るのか、その度胸があるのかを。

夜の自由時間。俺は仕掛けた。

「おい！　喧嘩だ！　やられてんぞ！　助けるぞ！　いくぞ！」

嘘だ。喧嘩なんて起きていない。しかし俺がそう叫んで走り出すと、反対方向へ走っていくやつがいっぱいいいた。普段、武勇伝を語っているやつが一目散に逃げていく姿に俺は腹を抱えて笑った。

四つの顔

俺は中学時代に引き続き、高校でも裏番を張ることになったのだが、もうひとつの顔も持つようになった。

高校に行かなかった地元三鷹の仲間の一人が暴走族に入り、ある日、ブンブンと爆音を鳴らして、俺たち第六中学卒業組の前に颯爽と現れた。

「すっげぇな！」

「俺もバイクほしい！」

仲間たちはみんな暴走族に入っていった。俺もすっかり魅力に取り憑《つ》かれてしまった。ただ、あの親父とお袋のことだ。バイクなんか絶対に買ってもらえないし、第一免許をとることも許してはもらえないだろう。それでも俺はバイクがないにもかかわらず、暴走族の集会を見学するようになった。二〇〇台を超える改造バイクが集まって一斉に爆音を響かせて走り出す姿は圧巻だった。

俺はすっかり暴走族の世界に魅了された。普段は夜遅くまで遊んでいるのだが、集会がある土曜の夜だけは早く帰宅するようになった。

「じゃあもう寝るね」

まず家族にそう言って、夜の九時には寝巻姿で二階の自分の部屋に入る。小学生でも夜の九時になんか寝ないのだが、俺は九時半前には部屋の電気を消していた。耳をそばだてて家族が寝静まったのを確認すると特攻服に着替え、窓をそっと開け、屋根と垣根を伝って外へ出ていくのだ。

ある土曜の夜。俺はいつものように特攻服に着替え、屋根と垣根伝いに降りていった。その時だった。

「どこ行くんだ！」

背後から怒鳴られ、俺はその場に飛び上がった。恐る恐る振り返ると、親父が腕組みして立っていた。

「おまえ、暴走族に入ってんのか？」

「…あ……いえ、見学に行くだけです。だってバイクも持ってないし。乗るわけじゃないです。見るだけです」

「そうか。気を付けろよ」

俺は特攻服の袖で冷や汗を拭った。


高校時代、俺には四つの顔があった。サッカー少年、高校の裏番、暴走族、そして家庭内でお袋から「マサヒロちゃん」と呼ばれる蝶野家の末っ子。

親父は気づいていたかもしれないが、マサヒロちゃんは家庭内暴力なんか一切やらなかったから、お袋と祖母は俺の裏の顔に全く気づいていなかったはずだ。なんせ二人は不良についての知識が全くなかった。俺がドカンを穿いているとお袋が言ったものだ。

「マサヒロちゃん、ちょっとズボンが太すぎるんじゃないの？　なんだか変よ」

「最近はみんなこういう太さなんだよ。大丈夫、大丈夫」

「そうなの？　変なの」

パンチパーマをかけた時も、

「マサヒロちゃん、どうしたの？　その髪型」

「最近はね、スポーツ選手はみんなこういう感じなんだ。激しく動いても髪が乱れないからね」

高校時代（写真左）に兄とドライブに。家の外では不良仲間のリーダー格だった。

「ああ、そういうことなのね」

お袋はこれで納得してしまった。本当に疎《うと》いのだ。

二度目の停学を食らってパンチパーマをやめなければならなくなったことがあった。高校生にとって、まして不良にとってヘアチェンジは死活問題だ。「短く切れ」と先生に言われたのだが、丸坊主や坊ちゃん刈りなんて死んでも御免だった。

「どうすりゃいいんだ……ああ！　そうだ！」

俺は悩んだ挙句、モヒカンにした。パンチをやめたとしても、モヒカンならば不良としての面目が保てる。我ながら妙案だった。

問題は家だ。モヒカンはパンチよりもインパクトが強い。「どうしてそんなパイナップルみたいな頭なの！」とお袋が叫ぶ姿が目に浮かんだ。

俺は床屋から帰ってくると、家の中でニット帽を被った。苦肉の策だ。夕食の席上でお袋が早速、

「髪切ってきたの？」

「うん。ほら」

俺はニット帽を少しだけめくり、坊主になっている側頭部をチラッと見せた。

「短くなったわね。でもどうして家の中で帽子被ってるの？」

「……いや、寒いからさ。髪の毛がなくなって寒いんだよ」

「そう。変な子ねぇ」

横に座っていた祖母が会話に入ってきた。

「あれ？　髪の毛、後ろから出てるよ。変わった残り方してるよ、髪」

ニット帽の後ろから、馬のしっぽのようにモヒカンがはみ出ていたのだ。

「え？　え？」

俺の狼狽ぶりを見て、お袋がとうとう詰め寄ってきた。

「帽子とって！　見せなさい」

俺は観念して帽子を脱いだ。

「なぁに？　その髪型」

「いや、これはね。先生が短く切れって言ったからさ。これならいいって」

「ええ？　こんなの変よ」

「……そ、そこなんだよ。恥ずかしい髪型をすることで、晒《さら》し者になって、反省しなさい、ってことなんだよ」

「ああ。そういうことなのね……」

「そ、そうなんだよ。こんな髪じゃ俺、出歩けないだろ？　それこそが罰ってわけなんだよ」

こんな風に家では冷や汗をかいたが、一歩外に出てみればモヒカンは正解だった。翌日、学校に行くと、

「おお、モヒカンだ！　蝶野、気合入ってんなぁ！」

と一目置かれたのだ。目論見通り、俺の面目は保たれたのだ。

面目を保つだけではなかった。暴走族の集会に出た際のことだ。その日は世代交代のミーティングが行なわれていた。引退間近の先輩たちが投票し、後輩たちの役職を決めるのだ。

バイクが五〇台前後、車も五〇台前後。計一〇〇台ほどの集団だった。当時では規模的に決して大きくはない。むしろ小規模のチームだった。

エンペラーやスペクターなどの超有名大型チームのフランチャイズがあちこちにあった時代。それらが集まると、軽く三〇〇、四〇〇は超える規模になっていた。うちは一〇〇前後で、しかもフランチャイズではない単独チームだった。普通なら潰されてしまう。しかし、元第五中学のOBを中心とした地元でも有名な悪いメンバーが揃っていたため、一目置かれるチームだったのだ。

俺はずっと集会には参加していたのだが、バイクは持っていなかったから、いつも誰かのリアシートに乗せてもらっていた。喧嘩のほうでは活躍していたが、バイクを持っていないのだから役職なんかは当然つかないと思っていた。

「じゃあ次期リーダーを発表する……蝶野！」

「ええ？　俺っすか？」

モヒカンの効果が絶大で「蝶野が気合を入れてきた」というアピールになったようだ。指名を受けた俺は、心の中でガッツポーズした。

夢の入口

サッカー、裏番、暴走族の頭と忙しい高校生活を送った俺は、三年間の終わりになって代償を払うことになった。大学受験に落ちたのだ。卒業後の進路のことなど何も考えていなかったし、そもそも卒業できるとも思っていなかった。お袋が当然のように「大学に行きなさいよ」と言うから、あわてて二校ほど受けてみたがどちらも落ちた。

「じゃあ予備校に行きなさい」

高校を卒業した俺は、浪人生という肩書に変わった。お袋に言われるまま予備校の夏期講習に申し込んだわけだが、もちろん勉強なんかするわけがなかった。同級生たちは就職したり、進学したりしていて忙しかったから、ハタチを超えても定職に就いていない悪い先輩たちの家に転がり込んで、日がな一日遊んでいた。この頃はもう喧嘩も暴走もやめて、ディスコやナンパに精を出すようになっていた。

湘南でサーフィンもよくやった。体が大きすぎてサイズの合うウェットスーツがなく、寒さに震えながら海に入っていた。それでも楽しかった。

喧嘩や暴走族をやっていた時代は、いつも気が抜けなかった。いつ誰に狙われるかわからないから警戒を解けなかったし、自分のステータスを守るために戦い続け、看板を背負って生きていた。正直言って疲れた。

喧嘩も暴走族も卒業して髪の毛を降ろした時、俺は肩の荷が下りて、すごく自由を感じた。もう気合も入れなくていいし、意地を張ることもない。サーフィンで真っ黒に日焼けして、ディスコに繰り出して、女の子を引っ掛ける。なんてラクで楽しいんだろうと思った。

光陰矢の如し。遊びまくって一年を棒に振った俺はまたもことごとく大学に落ち、二浪が決定した。周囲もさすがに大学へ行ったり、定職に就いたりしていた。この当時、二浪するやつなんていなかったから、俺はさすがに焦った。

ただでさえ不良たちは老成するのが早い。〝ハタチまでにはたいていのことを終わらせて、おじさんになっていなくちゃカッコ悪い〟という哲学が浸透していた。

「まだそんなことしてんのかよ、ガキだなぁ」

と笑う余裕こそが、不良たちの憧れの境地だったのだ。地元で名が通っていた歴代の裏番たちはみな、一八歳の頃にはもう喧嘩も暴走もあらゆるワルから卒業し、定職に就いていた。結婚して子供もいる人たちもいたし、仕事後の一杯をしみじみやるのが楽しみという、まるで三〇代は老後、というペースの生き方だったのだ。

「どうすっかなぁ……参ったな」

遊び相手がいなくなったのだから、もう観念して机に向かう……ことはなかった。俺はボーッとテレビを観て過ごすようになっていった。ある日のテレビ画面では、藤波辰巳（現：辰爾）と長州力が激しくやり合っていた。

「プロレスか……」

藤波・長州の名勝負、アントニオ猪木と国際軍団の抗争、そして初代タイガーマスクの鮮烈デビュー。新日本プロレスが凄まじく盛り上がりをみせていた頃だ。

俺はプロレスや相撲など、格闘技にさほど興味がなかった。当時プロレスを好きだったのは、不良たちではなく普通の生徒たちだったように思う。不良たちは自ら喧嘩をする実践派だ。対して普通の中学生や高校生たちは自分たちが戦わないから、強い者への憧れが強かったのかもしれない。

俺も猪木、馬場、タイガーマスク、スタン・ハンセンといった超有名レスラーたちの名前くらいは知っていたが、その程度だ。むしろ他の不良たちと同じく、「プロレスなんて子供騙しだ」と馬鹿にしているところがあった。ブラウン管の向こうのプロレスラーや格闘家なんかは遠い世界に感じていたし、だったらリアルな町の喧嘩自慢のほうに憧れた。

格闘技全般に興味はなかったのだが、しいて言えばプロレスよりは極真空手のほうが多少興味があった。漫画『空手バカ一代』を読んでいたし、高校三年の頃に極真の道場に通ったこともあるからだ。もっとも半年も経たずに足が遠のいてしまったが。

プロレスに対しては、むしろ疑問のほうが多かった。

「どうしてロープへ振られたら、戻ってくるんだ？」

「これ逃げれんだろ？　なんで逃げねぇんだ？」

技を掛け合うのがプロレス。この当時はそんな醍醐味も全くわかっていなかった。

例えば、幼い頃に観た馬場VSフリッツ・フォン・エリックなんかも、俺には魅力がわからなかった。スピード感が感じられず、惹かれることはなかったのだ。猪木VSアリにしても今ならその凄さが理解出来るのだが、幼い俺には「どうしてずっと寝転がってんだ？」で終わってしまっていた。

猪木さんと戦った空手家のウィリー・ウィリアムスのほうがわかりやすかった。速い突きと蹴りはカッコよかった。当時の俺の目には猪木さんのほうが遅くて弱く映ったのだ。

しかし、浪人生活の暇つぶしにプロレスを観るようになって、段々と気持ちが変わってきた。子供の頃に観ていたものと違い、藤波さんや長州さんのプロレスはスポーティーかつスピーディーで面白かったのだ。一八〇センチオーバー、一〇〇キロオーバーの体で、あれだけ速く動けて技がキレる。俺は素直に感心した。

「でも、こいつらの上に猪木がいるわけだろ？　……ってことは、猪木はもっと強いのかよ……」

幼い頃には魅力がわからなかった猪木さんについても、そんな形で興味を持つようになっていった。少しずつ、駆け引きとか間といったものが理解出来てくると、どんどんプロレスの世界が面白くなっていった。

勉強をして少しでもいい大学に進学しようなんて向上心はなかったし、サッカーの才能にも見切りをつけていた俺はこの当時、もう何をしていいのか、わからなかった。

俺はこれからどうしたらいいんだろう……将来の夢も目標もビジョンも何も持てずに惰性で生きていた。そのタイミングで、プロレスの世界に魅せられたのだ。

「プロレスラーになってやろうか……」

俺の中で日に日に、無謀ともいえる野望が育っていった。将来の夢は？　なんて聞かれても明確なビジョンはなかったが、漠然とスポーツで食べていきたいとは小学生の頃から思っていた。サッカーに熱中するようになってからは、サッカー選手に憧れた。しかし、その夢は潰《つい》えた。俺の才能は西東京代表メンバーに選ばれるレベルまでであって、その先はなかったのだ。

ヤクザ者に憧れたこともあった。内情をよく知らないから、カッコイイ服を着て、外車を乗り回して、喧嘩を商売に生きていけるなんて最高だ、なんて無邪気に想像していた。

そんなタイミングで知ったプロレスの世界。アントニオ猪木はリムジンを乗り回して、年収は億を超えているらしい……そんな情報を知ると興奮した。ヤクザは喧嘩だけじゃなくて、いろいろ面倒なこともありそうだ。プロレスだったら、スポーツとして喧嘩をして稼げるし、みんなから声援を浴びるヒーローになれる。最高じゃねぇか⁉

居ても立ってもいられなくなった俺は、とりあえず体を鍛えようと思った。『週刊プロレス』や『週刊ゴング』を読み漁り、「レスラーのトレーニングメニュー」という記事を熟読した。

「来年もしも大学に入れたら、サッカー部に入りたいんだ。でも、今は何もやってなくて運動不足で心配だから、トレーニング器具を買ってくれないかな？」

「今は勉強しなさい」

「勉強の合間に体を動かすとリフレッシュになるしさ。勉強もはかどるよ」

「うーん、そうなの？」

お袋にねだって、一四〇キロほどのバーベルのセットを買ってもらった。プロレスラーになりたいから、なんて言ったら絶対に買ってもらえない。それどころか猛反対されるのは目に見えていた。

雑誌によれば、プロレスラーたちは一八〇キロなんて上げるらしい。さすがにそれは無理だから、とりあえず一〇〇キロあたりにしておくか。チャレンジしようとして即無理だとわかり、控えめにベンチプレス六〇キロから始めることにした。胸の上に降ろして、いざ。全く上がらない。マズイ。上げる上げないという次元ではなく、動けなくなってしまった。

「誰かっ！　誰か来てくれ～！」

助けを呼んで大騒ぎになった。結局三〇キロから始め、地道にトレーニングを重ねた。そして飯を大量に食い、プロテインを飲み、体を大きくしていった。

八〇～一〇〇キロあたりを上げられるようになった俺は、いよいよ入門テストに臨むことになった。

蝶野が猪木に挑戦するらしいぞ

新日本プロレスの入門テストを受ける前、俺は一度生でプロレスを観てみようと思い、両国国技館へ行った。メインは猪木VSバッドニュース・アレンだったと記憶している。

その日の俺の目的は、試合内容というよりもプロレスラーの体の大きさを確かめることだった。テレビでしか観たことがなかったから、どの程度なのか知りたかったのだ。象や熊みたいにデカかったら、入門テストは見合わせようと思っていた。

花道を行く木村健吾さんを見た時、元ジュニアヘビー級の選手だから、それほど大きさを感じなかった。

「猪木サイズは無理だけど、木村サイズならいけんじゃねぇか」

木村さんの実際の力も知らず、俺は安易な素人考えでそう値踏みした。

それでも、入門テストは全く自信がなかった。格闘技をしっかりやった経験もない、プロレスの歴史も知らない。そんな俺が受かるわけがないと思っていた。

サッカーが中途半端に終わってしまった。プロレスもきっと無理だろうけど、チャレンジするだけしてみよう。やらずに後悔するより、やったほうが気が済む。そんな気持ちだった。記念受験だ。俺としてはさんざん馬鹿をやってきた自分の一〇代を振り返り、〝青春のけじめ〟をつけようという意味合いがあった。

入門テスト当日。受験者は俺一人だった。大学入試と日程が重なったため、俺一人だけ別日を設けてもらったのだ。

緊張したが、テストは拍子抜けするほど簡単なものだった。山本小鉄さんが基礎体力を見極めるだけ。ブリッジをやったり、受け身をとったり、基礎的な運動神経をみるだけであっさり合格してしまった。

それまでは、地元のやつらには「大学に入ってアメフトをやる」なんてうそぶいていたのだが、入門テストに合格すると瞬く間に地元で噂が広がった。

「蝶野が猪木に挑戦するらしいぞ」

尾ひれどころかデマのような滅茶苦茶な噂が拡散されてしまった。俺は入門テストに受かったことが嬉しくて、思わず誰かに漏らしてしまったことを後悔した。

本当は伏せていたかったのだ。プロレスラーとして成功して稼いでやる、なんてビジョンも自信もなかったから。なんせ記念受験で受かってしまったのだ。

本当はプロレスラーとしてデビューして、何回か勝利を挙げるようになった頃、「実はプロレスやってんだ」とカミングアウトするのが理想だった。そうすれば格好悪いところは見せなくて済むし、恥をかかなくて済む。しかし入門テストに受かった時点で知れ渡ってしまい、俺は引くに引けなくなってしまった。

だからもしもこの時、入門テストに受かったことを誰も知らなかったら、俺はプロレス入りをやめていたと思う。やめても誰も知らないわけだから恥をかかないからだ。

「参ったな。受かっちまった……」

俺は険しすぎるプロレスラーの道を思い浮かべ、頭を抱えた。厳しくて辛くてやめたら、みんなにどんな顔をすればいいんだろう。ああ、そうだ。「ネタだよ、ネタ。マジでやるわけねぇだろ」と笑いに変えればいい。みんなも「蝶野、おもしれぇよ」と笑ってくれるはずだ。

地元のやつらはいいとして、俺が引くに引けない本当の理由は他にあった。サッカーが志半ばで終わり、極真空手も半年も通わずにやめてしまった。大学も二浪した挙句、行く気が全然ない。俺はすべてが中途半端だった。そのうえプロレスも途中で投げ出してまったら、本当に中途半端な人間としての烙印を押されてしまう。

違う。俺はそんな人間じゃない！

それを声を大にして一番伝えたい相手は両親だった。いろいろ中途半端だった俺を一番間近で見てきた二人に、今度こそ中途半端じゃない俺を見せたかった。

喧嘩で新聞沙汰になり、高校受験も失敗し、停学を何度も食らって、さんざん迷惑をかけてきた。

だから逆転したかった。あんたたちの息子は本当はすごい子なんだよ、やれば出来る子なんだよ、と示したかった。

入門に際して親の承諾書が必要だった。俺は意を決してお袋に告げた。

「バーベル買ってもらったでしょ。実はあの時から、プロレスラーになろうと思ってたんだ。入門テストにも受かってさ……」

「二浪してやっと大学受かったのに、何考えてるの！」

お袋は泣き崩れてしまった。大学を六校ほど受験して、最後に受けたひとつに奇跡的に合格していた。大学に受からないからプロレスに行く、と思われたくなかったから、一校でも合格通知が来たことが説得材料になると思ったのだが、全くダメだった。

親父も大反対だった。

「そんなもんダメに決まってるだろ」

取り付く島もなかった。それはそうだろう。好き勝手やってきて、二浪の末にギリギリ合格したと思ったら、いきなり「プロレスラーになる」。滅茶苦茶だ。

しかし引くわけにはいかない。俺は粘り強く説得にかかった。

「大学の入学手続きもするし、入学式も出ます。ただ、一年間だけ時間をください。一年やってプロとしてやっていけなかったら、諦めて二年目から大学に行きます！」

「なに言ってんだ……」

「お願いします！　お願いします！　お願いします！」

俺は何度も頭を下げた。親父は渋々、承諾書にハンコを押してくれた。

約束通りに大学の入学式に出席し、そして新日本プロレスの合宿所に入ったのは一九八四年四月二一日のことだった。

第二章

海外修行で見つけた光

Chapter2 The light found abroad

1983–1988

リアルゴジラ

新日本プロレス入門初日。俺は同期となる入門生たちと初めて顔を合わせた。入門テストが大学入試の日程と重なったため、俺一人だけ別日を設けてテストを受けていたからだ。

合宿所のソファは四人掛けのはずだったが、体の大きな男が座れば三人でも窮屈だった。

――武藤敬司、蝶野正洋、橋本真也。

新人たちがソファに座ることを許されたのは、この入門初日だけはお客さん扱いだったからだ。

二一時スタートの合同練習に合わせて、どんどん人が道場に集まってきた。その中には俺たち三人の同期である野上彰選手（現：ＡＫＩＲＡ）、船木優治（現：誠勝）選手などがいた。彼らは俺たちよりも少し早く入門していた。

入門テストというのは随時行なわれていて、例えば船木選手は中学を卒業してすぐに地方の巡業先でテストを受けていた。だから同期とはいえ、厳密には先輩にあたる。とはいえ歳は俺より五つも下の一五歳だったが。

俺たち新人は一般社会ではかなり大柄な男たちだ。みんな身長は一八〇センチクラスだし、胸板だってかなり厚い。しかし、合同練習に続々と集まってくる先輩レスラーたちは輪をかけてごつかった。

学生時代の喧嘩では、一〇人二〇人不良がいても「こいつ強いだろうな」と思わせるやつは一人いるかいないかだ。その一人よりも強そうな、いやプロレスラーなんだから強そうではなく強いに決まってるわけだが、ものすごく屈強な男たちがぞろぞろ集まってくる。しかも俺が浪人時代にテレビで観ていた有名選手たちではなく、まだプロレス雑誌にもほとんど載ったこともないようなキャリア一～二年くらいの選手たちだ。つまり、テレビで観ていた有名選手たちは、この屈強な男たちのさらに上のレベルということになる。俺は思わずうつむいた。

（大丈夫かな俺……こんな人たちと戦っていけるのか……）

中学高校の不良時代。俺は喧嘩で「負けるかも」と思ったことがほぼない。かなり手強そうな相手と向き合っても、圧倒できないかもしれないけど負けはしないだろうという自信があった。しかし、道場に集う猛者たちを眺めていると、俺は生まれて初めてといっていい感情を抱いた。

（……俺、この人たちに勝てねぇな……）

不良時代の喧嘩の実績など、何の自信にもなってくれなかった。

選手たちが集合してからしばらくして、俺はとどめを刺された。

「え……」

俺は絶句した。道場に集まった男たちよりも、さらに頭一つデカい。現役レスラーにして新日本プロレスのナンバー2である坂口征二さんが現れたのだ。一九六センチ。一二〇キロオーバー。のっしのっしと歩くだけで風が起こるような迫力。刺すような鋭い目つき。もう次元が違う。

（なんだよ……リアルゴジラじゃねぇか……）

もし入門前に坂口さんを間近で見ていたら、俺はプロレスをやっていなかったと思う。怪獣に立ち向かうほど馬鹿じゃない。

（ヤベぇ世界に来ちまったな……）

俺はゴジラの大きすぎる背中を呆然と見つめた。

勝ち残り

お客さんとしてソファに座ったのは入門から二日目くらいまで。すぐに猛特訓の日々が始まった。猛者たちの迫力に不安を覚えてはいたものの、実は体力的には密かな自信があった。高校までずっとサッカー部でヘドが出るほど走らされてきたから、なんとかついていけるはずだと思っていたのだ。

「よっしゃ！　じゃあ新人はスクワット一〇〇〇回！」

辛そうな同期たちを尻目に俺はやり切った。入門前、自主的にスクワットをノンストップで一〇〇〇回やってきた成果を発揮できたのだ。しかし俺の自己満足もここまでだった。立て続けに腹筋を一〇〇×一〇、腕立てを五〇×二〇という信じられないメニューを告げられたのだ。

地獄だった。サッカー経験のおかげで下半身の基礎練習には自信があったが、上半身はキツすぎた。あまりの過酷さに吐き気がした。

(ダメだ……他のやつらは平気なのか!?　……もう耐えられねぇよ……)

俺はとんでもない世界に飛び込んでしまったことを、後悔し始めていた。


入門から三、四日後のことだったと思う。練習後のシャワー室で、武藤選手が呟いた。

「……きついわ」

この一言で新弟子たちの本音が決壊したように溢れ出した。

「こんな練習、狂ってるよ」

「無理、無理」

武藤選手に船木選手、船木選手と同じ一五歳の練習生、そして俺。シャワー室は新弟子四人の愚痴大会になった。俺も「きついよなぁ」と同調しながら、自分だけが辛いわけではないことに胸を撫で下ろす気持ちもあった。

やめる。

その三文字を誰が最初に言い出すのか。愚痴をこぼしながら腹の探り合いをしていたのだが、練習についていけなかった武藤選手が切り出した。

「俺、明日やめる」

その言葉に一五歳の練習生も同調した。

「俺もやめる」

武藤選手が一五歳の彼に提案した。

「じゃあ明日の朝、寮を出て、等々力不動尊で待ち合わせようか」

「わかったよ」

一五歳とはいえ同期のため、彼はタメ口で答えた。俺はシャワーを浴びながら、内心ほくそ笑んでいた。

(これでライバルが一気に二人減ったな……)

続けるかやめるか。崖っぷちを歩いている新弟子たち。少しでも心が折れたら一気に谷底へ落ちてしまう毎日。そんな熾烈《しれつ》な生存競争の中で、二人が自ら谷底へ落ちていく瞬間だった。他人の不幸は蜜の味。この世界で生き残るためには、なりふり構っていられなかったのだ。

翌日。一五歳の彼が荷物をまとめて寮を出ていった。

(さぁ一人減った。あとは武藤だ)

しかし武藤選手はしばらく動きを見せなかった。玄関前を掃除したり、練習後のチャンコ番も通常通りにこなしていた。

(武藤のやつ、いつ出ていくんだ!? ……あ! こいつかましやがった!)

俺は気づいた。武藤選手は最初からやめる気なんかなかったのだ。傷を舐め合うふりをして、ライバルを谷底へ突き落としたのだった。

死守すべき一線

武藤選手と橋本選手はともに柔道の有段者で、俺と違って格闘技の素地があった。特に武藤選手は全日本ジュニア選手権三位、全日本強化指定選手に選ばれるほどの逸材だった。

二人は俺の一歩も二歩も先をいっていた。橋本選手はニールキックを、武藤選手はムーンサルトを研究し、自分のものにしようとしていた。

格闘技経験のない俺は技術ではどうしても敵わない。頼りになるのは身体能力とメンタルの強さだけだ。この二つだったら負けない。そう信じてハードな練習を耐えた。入門して一カ月弱で体重は一〇キロ以上落ちたが、絶対に逃げ出すもんか、と歯を食いしばった。

俺が逃げ出したいという発想にならなかったのは、実家が近すぎたせいもあった。道場のある世田谷区等々力から三鷹なんてすぐだ。道場を飛び出して一時間後には実家のソファに寝転がることができる距離。

近すぎるのだ。もしも道場から逃げ出したとしても、実家が都内なんだから世田谷近辺は行動範囲内なのだ。逃げた後、同期の練習生や先輩たちに姿を見られたら、たまったもんじゃない。

青森から出てきた船木選手や、岐阜から上京した橋本選手のように、俺の実家がもしも東京から離れた場所にあったら、気持ちは変わっていたかもしれない。もう東京なんて出てこなきゃいいのだから。

近すぎるから逃げる気になれない、というのが本音だった。

のちに知ったことだが、新人たちはシングルマザーやシングルファーザーという出自の者が少なくなかった。経済的に苦労してきた者が多く、みんなハングリーだったのだ。「プロレスで成功して、成り上がってやる！」そんなわかりやすいモチベーションがあった。

そして皆、本当の意味でもハングリーだった。食に対する執着心が尋常ではないのだ。先輩に焼肉に連れて行ってもらっても、油断も隙もなかった。焼いている最中もずっと自分の箸で押さえておかなければならない。箸を離した瞬間にとられてしまうからだ。とられるのを恐れ、ほぼ焼けていない超レア状態で口に放り込む者もいた。

同期の橋本選手もハングリーだった。母子家庭で育ち、そのお母さんも高校時代に亡くしていた。人を蹴落としてでも、時には人を騙してでも生き残る、這い上がる。そんな負けん気の強さ、必死さ、意地があったのだ。

デビュー後の話だが、俺のお袋が道場に挨拶に訪れたことがあった。

「蝶野の母でございます。これから何かとご迷惑をお掛けすると思いますが、息子のこと、何卒よろしくお願い申し上げます」

お袋が帰った後、ドン荒川さんが驚きの声をあげた。

「蝶野のお母さんは、言葉遣いがすごいなぁ」

俺は両親から愛情深く育ててもらったし、経済的な困窮とも無縁だったとつくづく思う。だから橋本選手のような自らの境遇に対する湧き上がるような怒りも、社会に対する滾るような復讐心も、人生の逆転を虎視眈々《こしたんたん》と狙う上昇志向もなかった。

おそらく武藤選手もそうだったろう。ともに中流家庭の出自で似たような境遇で育った武藤選手とは感覚が近かった気がする。

対して橋本選手とは感覚が違いすぎていて、ソリが合わなかった。入門初日にいきなり衝突していたのだ。

合同練習の後。大量の洗濯物が俺たち新弟子たちの目の前にドンと積まれた。膨大な量のため、何度も洗濯機の前に列を作らなければならない。

他にも雑用に追われていたため、俺は洗濯カゴで場所とりをして、その場を離れた。戻ってくると、俺のカゴはどけられ、別の洗濯物が回っていた。

「誰だ？　ここに入れたのは？」

「あ？　俺だよ、俺」

悪びれずに言う橋本選手に、俺は激昂した。

「てめぇ、なに横入りしてんだ、ふざけんな、この野郎！」

「んだと、この野郎！」

摑み合いになる寸前に先輩たちに止められたが、入門初日に大喧嘩をするところだった。

この騒動は入門初日のことだから、橋本選手と俺はソリが合わなかった、ということよりも、俺の性格の一端を表すエピソードかもしれない。

自分で言うのもなんだが、俺は温厚な性格だ。普段は至って平和主義者なのだが、俺の中の一線を踏み越えてきたら、相手が誰であれ牙を剝く。

こんなこともあった。新人が入門してくると、徹底的に芽を摘む先輩たちがいた。自分たちを脅かす存在になる前に潰すのだ。スパーリングでもほとんど壊しにいくような勢いで、新弟子たちへ〝かわいがり〟をしていた。

それでも練習という環境であれば耐えられた。しかし、ある酒乱の先輩のリング外での理不尽ないびりに我慢できなくなった俺は、風呂場で二人になった際、爆発した。

「ふざけんなよ！　先輩後輩関係ねぇぞ！　てめぇこの場でやってやろうか！　ぶっ殺すぞ、この野郎！」

以来、その先輩のいびりはピタリと止んだ。

先輩どころか、スポンサーに怒りを爆発させたこともあった。ある酒席で、酒の弱い俺にスポンサーがどんどんすすめてきたのだ。

「いや、もうほんとに」

レスラー相手ならとっくにキレていたが、なんせスポンサーだ。俺は呑めない酒を懸命に呷った。しかし、際限のなさに我慢も限界だった。

「いい加減にしろ、この野郎！　呑みてぇなら自分で呑めよ！　俺は呑まねぇんだよ！」

極めつけは一九九四年三月のことだった。東京体育館で猪木さんとタッグマッチで対戦し、俺はチョークスリーパーで失神させられた。当時のレフェリーは反則に関してうるさかったにもかかわらず、猪木さんだけが治外法権の状態だったのだ。意識を取り戻した俺は、

「反則だろ！」

と、御大に食ってかかったのだ。相手が先輩であれ、スポンサーであれ、自分の会社のボスであれ、俺の中の譲れない一線を越えてくると噴火していた。筋が通らないことや卑怯な真似が許せなかったのだ。

あいつは普段温厚だが、キレたらヤバい――。それが周囲に伝わることで、俺は過酷な生存競争の中でなんとか自分のポジションを死守できたんだと思う。自己主張の塊《かたまり》のようなレスラーたちの中にあって、生き残っていくためには自己アピールが必要不可欠だったのだ。

プロレス界における人間関係は、基本的に誰もがライバルだ。心を許し合い、打ち解け合うという性質のものではない。利害が一致すればつるむが、レスラー間で友情なんてものはないに等しい。生き残るために出し抜き、蹴落とし合う。常に警戒し合い、空いたポジションを奪い合う。そうしなければ生き残れない世界なのだ。

力のない新人たちはどこかの派閥に入って、自分の身を守らなければならない。例えば船木選手は山田恵一選手（のちの獣神サンダー・ライガー）にかわいがられていたし、武藤選手や橋本

選手はコーチのドン荒川さんとうまく付き合って、俺もたまに荒川さん派閥に入れてもらっていた。

ギブアップデビュー

一九八四年一〇月五日。シリーズ開幕戦の舞台となる越谷市民体育館で俺はデビューすることになった。

入門からわずか半年だ。格闘技経験がなく、武藤選手や橋本選手から一歩も二歩も後れを取っていた俺が、異例の早さでデビューできたのは理由があった。

俺が入門する前のこと。猪木さんが「アントン・ハイセル」というブラジルでの事業に失敗して多額の負債を抱え、返済に新日の収入をあてることで経営に不安を与えてしまった。この件をきっかけにして社内が分裂し、社員や選手たちが大量離脱したのだ。初代タイガーマスクが引退し、藤原喜明さん、前田日明さん、高田伸彦（現：延彦）さんらが抜けて新団体「ＵＷＦ」が旗揚げされ、それから半年も経たないうちに長州さんまで抜けて新団体「ジャパンプロレス」が創設された。

上がごっそり抜けてしまったため、新日としては俺たちのような若手をデビューさせるしかなかったのだ。

ちなみに新団体「ＵＷＦ」立ち上げの話は、入門から二カ月目か三カ月目くらいの頃に、俺たち新弟子の耳にも入ってきていた情報だった。藤原さんが俺たちを集めて、多摩川の土手で話をしたのだ。

「……という事情で俺は移籍する。もうおまえらに稽古はつけられない。もしついてきたいやつがいたら、明日の朝、俺についてこい」

山田選手はずっとうつむいていた。船木選手は泣いていた。橋本選手は口を真一文字に結んでまっすぐに前を見ていた。俺も沈痛な面持ちで聞き入っていたのだが、ふと視線を横に振ると武藤選手がボーッと空を見上げていた。この人、話聞いてんのか？　思わず吹き出しそうになった。

実はこの時、橋本選手は新団体移籍を決意していた。藤原さんではなく、ＵＷＦに移ることになる高田さんから可愛がられていて、誘われていたのだ。しかし高田さんが辞める日に寝坊してしまい、実現することはなかった。

話を越谷市民体育館に戻そう。新弟子の俺は例のごとく、練習と雑用に追われていた。すると先輩の誰かが大声で、

「第一試合の対戦相手がいないぞ！　どうする⁉」

と、控室の中を見回していた。この日は一カ月前から武藤選手のデビュー戦の日と決まっていた。しかし、対戦相手が確定していなかったのだ。この当時、前座などは当日までカードの発表

が決まっていないことなんかはざらにあった。

「空いてるやつがいねーなら、オマエがいくか！」

先輩と目が合った。

「え？　え？　俺っすか？」

「そうだ。シューズ履いて準備しておけ。三〇分後な」

「え？　えー？」

青天の霹靂《へきれき》とはまさにこのことだ。事前に何も知らされず、記念すべきデビュー戦を三〇分前に知らされるなんてどうかしている。

思えば入門直前、俺は両親にひとつの約束をしていた。

「一年間だけ時間をください。一年やってプロとしてやっていけなかったら、諦めて二年目から大学に行きます」

入門から半年でデビュー。約束は守った形だ。とはいえ、こんなのありか？

俺は呆然としたまま花道を歩いた。ド新人を温かく迎えてくれる拍手がパラパラ起こり、どんな新人かを品定めする目が武藤選手と俺に注がれたに違いない。違いない、という想像だ。なんせ俺はこの日の記憶がほとんどない。突然の出撃を命じられた驚きと緊張とで、頭が真っ白になっていた。

ゴングが鳴った、気がする。俺は緊張のあまり観客席に視線を向けることが出来ず、セルリアンブルーのキャンバスしか見ていなかった。

唯一思い出せるのは、試合の終盤だ。開始五分くらいでボストンクラブをがっちり極められ、たまらずに俺は降参した。

「ギブアップ！　ギブアップ！」

するとレフェリーの柴田勝久さんが一拍置いて、

「まだまだ！　まだまだ！」

と叫んで、ギブアップをとってくれないのだ。まだまだ、って何だ？　ギブアップしているのにどういうことなんだ！　俺は悶絶しながら、柴田さんに訴えた。

「ギバアアップ！！！　ギバアアップ！！！」

俺の叫びの本気度を汲み、柴田さんは試合を終わらせてくれた。


今ならわかる。プロレスは選手だけで創り上げていくものではない。レフェリーが重要な役割を果たしている。ましてや技術も経験も乏しい新人たちの試合においては、鍵を握るのはレフェリングだ。

「まだまだ」というのは、「まだまだ力を出し切ってないぞ」「まだまだお客さんを満足させられていないぞ」という「まだまだ」なのだ。

新人はプロとして魅せるものが何もない。金をとれるパフォーマンスが出来ない。試合が下手なのは仕方がない。無様でもいい。おまえの精一杯を出し切れ。新弟子に自分で試合を止める権利はない。柴田さんはそう伝えたかったのだろう。

レフェリーは指揮者だ。特に力量が足りない新人たちの試合において、その存在感はより重要になる。新人の技が乏しく、スタミナもないのは仕方がないこと。致命的なのは客観性が欠けていることだ。自分の美味《おい》しいところだけを見せて、試合を終わらせたがる。

レスラーたちの自己満足ほど虚しいものはない。大切なのは観客が満足すること。そのためにレフェリーは新人同士の対戦でも、若手の試合なりに盛り上げようと努める。一方的な展開になれば、ブレイクをかけて両者を引き離す。スタミナを使い果たし、フラフラになった俺に「行け！　行くんだ！」とはっぱをかけるレフェリーもいる。

俺はのちに海外へ武者修行に出ることになるのだが、やはりレフェリーは指揮者だった。まだキャリア三年目の俺は自分のことでいっぱいいっぱい。相手のことも、ましてや観客のことなど考える余裕はなかった。起死回生のドロップキックを放った俺に、レフェリーが耳元で囁くのだ。

「チョーノ！　アピール！　アピール！」

俺は力を振り絞って立ち上がり、観客に向かって両手を突き上げた。

特にヨーロッパではレフェリーの地位は高かった。選手二人とレフェリーの三人でプロレスを作り上げている、という考え方だから、ボーナスも三等分なのだ。

全くのプロレス未経験者を二人リングにあげても、うまいレフェリーはそれなりに試合を作ってしまう。プロレスの盛り上げ方を熟知している存在。それがレフェリーだ。だから観客の心を摑むトップレスラーたちはレフェリーとしても成功するだろう。

24時間アントニオ猪木

デビュー戦から一〇日後の一〇月一五日。俺は石川県産業展示場2号館で、野上彰選手を相手に初勝利を挙げた。デビュー八戦目にしてシングル初勝利だから早いほうだと思う。とはいえ、それほど感慨はなかった。この当時は新弟子が多かったからチャンスも多かっただけだ。第一、デビュー戦から一年間くらいのド新人の頃の試合はほとんど記憶がない。無我夢中で動き回っていたら試合が終わっていた。俺よりも入門が少しだけ前の野上選手にしても同じようなもんだろう。武藤選手にしてもデビュー戦のことは「何も覚えてない」と言っていた。自分を一人のレスラーとして客観視出来たり、冷静に試合を分析できるようになるのは、もっとずっと後のことだ。

新人時代のリングで唯一覚えているのは、痛みだけ。デビューから二、三カ月後だったか。福生での試合、山田恵一選手がパワーボムを仕掛けてきた。今でこそ当たり前だが、当時は滅多にない技。ましてや前座で使われるような技ではなかったから、俺は受け身をうまくとれなかった。

「グアッ！」

首に衝撃が走った。試合後にリング上で、

「てめぇ、わざとやっただろ！」

と先輩の山田選手に噛みついたら、顔を爪でひっかかれた。

この一戦後、眩暈《めまい》に襲われるようになった。寝て起きたら、グルグル天井が回って倒れてしまう。そんな状態が一カ月半以上続いた。

「これはダメだ」

入門以来、プロレスを辞めたいと思ったことはなかったが、この怪我でもう続けられないかもしれないと思った。いくらやりたいと思っても、頸椎《けいつい》はまずい。命に係わる。以来、騙し騙しプロレスを続けていくことになるが、首がウイークポイントになった。

こんな痛みにまつわる記憶を除けば、俺にとっての新人時代の思い出は付き人生活に尽きる。

一九八五年四月。入門から一年、デビュー戦から半年後。俺はアントニオ猪木さんの付き人になった。相撲にしろ落語にしろ、様々な業界に付き人制度というものがある。一言でいえば雑用係。先輩レスラーの身の回りの世話や各種手配が主な仕事内容だ。

通常はレスラー一人に対して、付き人が一人つくのだが、猪木さんは特別だ。先輩レスラーと新人の二人がつく。芸能界でいうメインマネージャーと、サブマネージャーという感じか。猪木さんには、高田さんと後藤達俊さんがついていた。高田さんがＵＷＦへの移籍で抜けると、後藤さんと山田選手にスライド。その後、後藤さんが海外遠征に行ったため、第二付き人に俺が入った。

右も左もわからず付き人生活をスタートした頃、猪木さんとディック・マードック選手の試合が横浜文化体育館であった。試合前日に第一付き人の山田選手から、猪木さんのリングシューズを磨いておくように言われた。

「ちゃんと磨いとけよ！」

「はい！」

俺は一生懸命に磨いた。しかし山田選手は何度も何度も強く、磨き方を指導してきた。

「ちゃんと靴墨つけろよ！」

「はい！」

「もっとしっかり靴墨をつけろ！」

「はい！」

翌日の試合。俺が控室へ入っていくと、モニターを見ていた選手たちが騒然となっていた。

「おい、マードックの顔がおかしいぞ」

「真っ黒じゃねぇか」

靴墨を付けすぎたのだ。

「誰だ、靴磨いたのは！」

犯人探しが始まった時、山田選手がうつむいて必死に笑いをこらえていた。まんまとやられたのだ。

その後は何とか仕事を覚え、一年後には山田選手がメキシコ遠征に出たため、俺が第一付き人になった。

第二付き人になった大矢選手に俺は言った。

「おい、おまえ、ちゃんと靴墨つけろよ！」


本当は藤波さんの付き人をやりたかった。俺だけじゃない。当時の新人たちはみんなそう思っていたはずだ。

「藤波さん、優しいよぉ。お小遣いもくれるしさ」

「いいなぁ。羨ましい」

憧れのポジションだったのだ。対照的に新人たちが最も敬遠したのが猪木さんの付き人だった。ただでさえ付き人は激務なのに、それが猪木さんとなると緊張感が倍増する。ただ、猪木さんの付き人を務めると出世するという伝説があった。藤波さん、藤原さん、佐山さん、前田さん、高田さん……そうそうたるメンバーだ。ところが高田さんの次が後藤さんで、雲行きが怪しくなっている気がして少し不安になった。

実際に付き人は激務だった。こなすのに精いっぱいで、自分の試合どころではなかった。俺が新人時代の試合をほとんど覚えていないのはそのせいもある。

朝七時から若手の一日が始まる。ただ猪木さんが道場へやってくる日は、そのタイムスケジュ

入門から1年後、アントニオ猪木の
付き人となった。

ールが大幅にズレる。例えば……ある日、俺は早めの晩飯にありつけた。午後八時くらいにちゃんこを食べ、自主練を終えて、時計を見上げた。

「一〇時か。今日は久しぶりに早く寝れるな」

と思ったところで道場の電話が鳴る。

「嘘だろ……」

電話の主は猪木さんの専属運転手だ。

「今から猪木さん、行くよ」

「……はい。わかりました」

猪木さんは忙しすぎた。試合以外の予定もギッシリだった。そのためトレーニングで道場へ来るのがどうしても夜になる。そして、いつも激務でヘトヘトの猪木さんに入念にマッサージをするのが付き人の仕事だ。その日も一時間もやっていると、やがて寝息が聞こえてきて、山田選手と俺はひそひそ相談した。

「……寝ちったよぉ」

「……どうやって起こしますか」

しばらくすると猪木さんが目を覚まし、目をこすりながら言った。

「ああ、寝ちゃったなぁ……よし！　トレーニングするか」

猪木さんは寝起きで三時間ほどトレーニングした。

1987年2月、新日本プロレスの道場にて。

どれだけ疲れていても、忙しくてもトレーニングは欠かさなかった。別の仕事から試合会場に直行なんて日も、スクワットやブリッジを最低三〇分はやってから試合に臨んでいた。

体の手入れもこまめにやっていた。激務の間を縫って治療に通い、自己管理を徹底していた。そして弱みを決して他人に見せようとしなかった。身内である付き人にさえ愚痴も吐かず、弱気な表情も見せなかった。マスコミがよく『アントニオ猪木は24時間アントニオ猪木である』なんて表現をしていたけど間違いなくそうだった。

結局その日、猪木さんが道場を後にしたのは午前四時過ぎだった。

「三時間も寝れねぇ……」

俺はせんべい布団に倒れ込み、三時間弱をむさぼるように眠るのだった。


付き人にもいろんなタイプがあって、例えば山田選手は常に猪木さんのそばにいて「ハイ!」「ハイ!」と兵隊のように仕えている感じだった。俺は逆に、わざと距離をとって少し遠めから見守っているタイプだった。他人に決して弱みを見せない人だから、一人の時間を作ってあげたかったのだ。

猪木さんに怒られた記憶はない。俺は大きな失敗もなく、無難にこなしていた。要領がいい人間なんだと自分でも思う。

サボり方も日に日にうまくなった。猪木さんの第一付き人兼寮長になった頃には、よく道場を抜け出した。

「蝶野さん！」

「なんだ？」

「今、電話が入りまして。これから猪木さんがいらっしゃいます」

「おう、そうか。大矢に連絡しておけ。俺はちょっと出る用事があるからよ」

後輩たちにあとを任せ、俺はよくドライブに出掛けたりしていた。道場生が車を持つなんて言語道断だったのだが、俺は寮長になった頃にその慣習を破った。うまく立ち回っていたから、先輩からも会社からも注意されなかった。

付き人時代の話題は尽きないが、こんなこぼれ話もある。ある日のテレビ中継で、猪木さんの背後でガウンを持っている俺の姿が映った。それを近所の人が見つけたらしく、お袋に伝えた。

「息子さん、プロレスやってるのね！　大学に行かれてるんじゃなかったの？」

俺がプロレスをやることにずっと反対していたお袋はご近所に秘密にしていた。大学生だと言い張っていたのだ。しかし、テレビという動かぬ証拠を突きつけられてしまった。

「あ……いや、あの……息子は大学のレスリング部に入ってまして……あれはアルバイトで……」

「ああ、そうなの！　すごいわねぇ」

さすがは俺のお袋だ。大学のアマチュアレスリング部の大学生が、なぜ猪木さんの付き人をやるのか全く意味不明だが、強引にご近所さんを説き伏せてしまったのだから。

ブッチャー

同期の中では武藤選手と馬が合ったが、橋本選手とは正直ソリが合わなかった。ハングリーさや上昇志向は見習うべきところもあったが、言い方を換えれば自己主張が強すぎると感じたし、粗野で素行が悪く、生意気。苦手も苦手だった。

プロレス業界の用語で〝トンパチ〟というのがある。もともとは相撲用語で『目先の見えない人』という意味らしいが、プロレス業界では転じて〝ハチャメチャな奴〟という意味で使われる。

橋本選手は典型的なトンパチだった。いたずらも度が過ぎるし、後輩へのかわいがりも過ぎた。突然変なことをするし、言動がぶっ飛んでいたのだ。当然、俺のような同期や後輩たちからは敬遠されていたが、先輩たちにかわいがられた。

「おまえ、メチャクチャやるなぁ！」

先輩たちに笑われると、橋本選手はますます調子に乗ってハメを外した。根っからの性格もあったと思うが、少なからずそういうキャラを演じていたのもあるだろう。キャラを確立し、先輩にかわいがられることで業界を昇り詰めていく道を選んでいたのだ。俺はそのノリについていけず「いい加減にしろよ」と、よく呆れていた。

一九八五年一月、アントニオ猪木VSアブドーラ・ザ・ブッチャーのシングルマッチ。猪木さんのセコンドについた橋本選手は、反則攻撃に出たブッチャーを蹴り飛ばしたことがある。荒川さんに焚きつけられての行動だったのだが、トップレスラーの試合に新人が横槍を入れるなど言語道断と、しばらく試合を干されてしまう事態となった。

この事件がもとで、橋本選手に〝ブッチャー〟というあだ名が付けられたというエピソードは、ファンの間ではつとに知られている（この事件以前にライガー選手が付けていた、など諸説あり）。

橋本選手は八七年五月にも騒動を起こした。北九州の西日本総合展示場での大会で、ヒロ斎藤選手を試合中に怪我させてしまったのだ。俺もかつて〝クラッシャー〟の異名をとる橋本選手にニールキックで前歯を何本か折られたが、確かに技は荒い。

試合後、橋本選手は長州さんとマサ斎藤さんに控室でこってり制裁を受け、会場の外へ飛び出していってしまったらしい。しばらく探して見つけたのだが、橋本選手は怒りに震えていた。

「クソ！　長州の野郎、包丁でぶっ刺してやる！」

相当ボコボコにされたらしく、かなり興奮していた。

「ブッチャー、待てよ。待てって！　落ち着けよ」

「放せ！　ぶっ殺してやる！」

「ダメだって！　落ち着けって！」

この騒動はある意味、起こるべくして起こったものだった。長州さんたちは八四年に新日本プロレスを退団し、全日本プロレスを主戦場とする新団体ジャパンプロレスへ移籍。が、再び古巣である新日本へ出戻ってきた。当然、新日本のレスラーたちは面白くない。武藤選手、橋本選手、俺の三人をかわいがってくれていたドン荒川さんも、長州さんたちの振る舞いに怒っていた。

「橋本、やっちまえ！」そう荒川さんに焚きつけられた橋本選手が、持ち前のトンパチぶりを発揮したというわけだ。それにしても、たいていトラブルの火元は〝焚き付け屋〟の荒川さんだった。

「ぶっ殺してやる！」

「気持ちはわかるよ。でもまぁ、落ち着け！」

橋本選手の気持ちは痛いほどわかった。俺はなんとかなだめすかし、事なきを得た。

この一件以来、橋本選手と俺との間にあった見えない壁が取り払われた気がする。別に急に仲良く話すようになったわけではない。しかし、明らかに橋本選手が俺に心を許してくれたんだな、という雰囲気を感じるようになった。少なくとも、他に対して張り続けている虚勢を、俺の前では張らなくなった。まるで猛犬がなついたような感じがしたものだ。

ちなみに、もしも俺が「じゃあ長州を刺してこい！」と、けしかけたところで、殴り込むことはあったかもしれないが、もちろん刃物を手にすることはなかっただろう。橋本選手は野蛮だが頭が良かった。計算が働くのだ。自分がどう立ち回ればのし上がることが出来るか、その嗅覚がすごい。自分の考え方をしっかり持っているのだ。自分の中のルール、美学、ビジョンといったものに基づいて、いかに実現させるかを冷静に計算し、実行に移していく。

「ブッチャーは一番若いけど、一番考えてるよな」

武藤選手もそう感心していた。そういう武藤選手もまた頭がいい。三人の中では俺が最もノープランで、こだわりが弱く、上昇志向も薄かった。これは間違いない。

橋本選手は口に出してアピールするタイプだ。

「俺はチャンピオンになって、闘魂を伝承する！」

自分の主張を周囲に対して明確に伝えることで、周りを巻き込み、先輩たちを味方につけ、ポジションを上げていく。

武藤選手は、

「俺はまだまだチャンピオンの器じゃ……」

と言いながら、サッと奪取するタイプ。俺は、

「俺がチャンピオンになったりしたら……いろいろ大変だよなぁ」

と一歩引くタイプだ。客観的に見ても、レスラーとしての気概や自覚などあらゆる面で、俺が二人の後塵を拝しているのは明らかだった。

異国の空

同期の武藤選手、橋本選手の背中を追いかけながら、ようやくひとつの結果を出せたのが、一九八七年三月一〇日、若手選手が出場するシングルリーグ戦『第3回ヤングライオン杯』の優勝決定戦だった。俺は決勝で橋本選手を破って優勝したのだが、初タイトル獲得の喜びより、頭の中は〝優勝者の条件〟でいっぱいだった。海外武者修行だ。

その頃、俺は寮長として少しずつ自由を謳歌しはじめた矢先だった。大量離脱劇で先輩たちがごっそりいなくなり、後輩たちも入ってきたから、猪木さんの付き人業務もすっかり彼らに任せていたのだ。

フェアレディZを乗り回し、彼女もできた。武藤選手のように虎視眈々と上を狙うでも、橋本選手のようにギラギラ成り上がろうとするでもない。「このままでいいや」と心地良い現状に満足していたのだ。そんな矢先の海外遠征。全然嬉しくなかった。

そもそも〝優勝者の条件〟なんて聞こえはいいが、実態は〝口減らし〟だった。UWFやジャパンプロレスが戻ってはきたものの、この当時の新日本プロレスの経営状態は良くなかった。実入りが少ないのに所属選手が多すぎたため、若手を食わせていくことが出来なかったのだ。会社がくれたのは行きの渡航費だけ。「おまえら外に出ていけ。自分でしばらく食べていけ」という

『ヤングライオン杯』決勝で橋本真也
を破り優勝。以後、海外武者修行へ。

のが実情だった。

同年六月二一日、俺は嫌々日本を発った。

機内で暇を持て余した俺は、持参したウォークマンの再生ボタンを押した。ファンの女の子がカセット編集してくれたＴＭネットワークを聴いていたら、涙が溢れてきた。

「俺、どうなっちゃうんだろう……」

付き人として、あるいは合宿でサイパンやハワイには行っていたが、独りぼっちで海外へ放り出されるのは初めてだった。会社の決めたスケジュール表には日程と滞在地しか書かれていなかったし、言葉も全然ダメ。海外遠征に出る際は新日本プロレスの所属ではなくなり、フリーランスになるから保証もない。もう不安要素しかなかった。

そして俺の不安はことごとく的中した。プロモーターのオットー・ワンツの地元であるオーストリアのグラーツに降り立った瞬間から、トラブルに見舞われたのだ。

俺は鞄を持ったまま、空港の出口で立ち尽くした。いつまで経っても、誰も迎えに来てくれない。

「おい、ふざけんなんよ、なんなんだよ……あぁっ！」

時差を計算せず、一日早くグラーツに到着してしまったことに気づき、俺はその場で崩れ落ちそうになった。

「ヤバいな……」

空港からどんどん人がいなくなり、職員かガードマンが見回りを始めた。このままでは空港を追い出されてしまう。

「アイム・ジャパニーズ・プロレスラー……アイウォントトゥ……」

片言の英語で周囲に助けを求めたが、仮に流暢に喋れても助けてはもらえなかっただろう。ドイツ語なのだ。どうにもならずに、あわててポリスへ駆け込んだ。

〝日本からやってきたプロレスラー、蝶野だ！　オットー・ワンツのオフィスへ連絡をとりたいんだ！〟　俺は自分の意思を必死でドイツ語に変換してみた。

「レスリング！　レスラー！　ジャポン！　オットー・ワンツ！　オフィス！」

「Wer bist du?（おまえは誰なんだ？）」

警官は首を傾げながら両手を広げた。伝わるわけがない。そもそもオーストリアやドイツでは、プロレスはレスリングではなく〝キャッチ〟と呼ぶのだ。この時の俺は、そんなことは知る由もなかった。

進退窮《きわ》まって壁を見ると、たまたまプロレス興行のポスターが貼ってあった。「これ！　これだ！　俺の名前が載ってるだろ！」

俺はポスターに印刷された自分の名前とパスポートを交互に指さしながら、猛烈にアピールした。

「Ich verstehe（わかった、わかった）」

警官が理解してくれ、俺はなんとか窮地を脱した。先が思いやられる旅の始まり。俺は異国の夜空を見上げて、ため息をついた。

翌日から早速、俺のヨーロッパ転戦が始まった。オーストリア・グラーツのトーナメントを皮切りに、ウィーンのトーナメント、西ドイツ（現ドイツ）へ飛んでハノーバーのトーナメント、西ベルリン（現ベルリン）のトーナメント、ブレーメンのトーナメントに参戦するのだ。

プロレスは日本では格闘技でありスポーツ。アメリカではエンターテイメント。ヨーロッパではどちらかというと大相撲、あるいはサーカスに近い存在だ。

会場近くのキャラバン（キャンピングカー）に寝泊まりしながら、各地を転戦していくスタイル。だいたい会場入りは夕方の五時くらいで、試合は夜八時頃にスタート。一一時過ぎに終わり、遅い夕食をみんなで食べ、就寝が午前一時過ぎ。そんなサイクルだ。

あるオフの日。トニー・セント・クレアー選手が俺をプールへ誘ってくれた。たびたび来日し、新日マットでも活躍していたトニーは、何かと俺を気遣ってくれた。比較的、歳が近かったせいもあるかもしれない。

一緒にツアーを回っていた選手たちはみんなキャリア一〇年以上のベテラン揃い。ほとんど四〇代～五〇代で、ビールを飲んでバカ騒ぎするような人たちではなかった。一番歳の近いトニーですら三三歳。俺はデビュー三年目の二四歳。ただでさえ言葉が通じないのに、話もノリも合うわけがなかった。

ベテラン選手たちは、プールサイドで読書をしたり、そよ風の中で眠りに落ちていた。所在なく、俺はひとりでプールに入っていった。

欧州武者修行の孤独に、俺は打ちのめされていた。当然ながら周囲はすべて外人。いや、彼らからすれば俺が外人なのだ。

とにかく言葉の壁がストレスだった。外食をしようにもメニューはすべてドイツ語で書いてあった。ステーキが食べたくて懸命に説明しても、店員は東洋人が何か喚いている、と鼻で笑って相手にしてくれなかった。イエローモンキーだと差別するならすればいい。俺は食べたいものすら食べられないコミュニケーションの壁のほうが辛かった。

外食から足が遠のいた。言葉が要らないリングの上が、一番メンタルが楽だった。

俺はプールに浸かりながら、晴れ渡った空を見上げた。

(赤ん坊の頃に見上げた空は、こういう空だったのかな)

生誕の地であるシアトルの空を思った。ドイツとアメリカだから、もちろん全然違う。

(でも、グラーツの空も、シアトルの空も、日本の空も、全部繋がってるんだよな……)

俺は完全にホームシックに陥っていた。

マルティーナとの出会い

一九八七年一一月の終わり。トーナメントの一週間前に、ブレーメンへ入った。欧州武者修行、最終地点だ。七七年に新日のマットに上がったことのあるジョン・ハリスというヒール系レスラーが、知り合いが催すホームパーティーに誘ってくれた。

どうせ言葉も通じないし、過度な期待はせずに参加した。案の定、パーティー会場に集まった年齢層は四〇代～五〇代が中心で落ち着いたものだった。トニー・セント・クレアーのような三〇代すらいなかった気がする。二四歳のイエローは明らかに浮いていた。理解できない言葉の洪水は、俺にとって雑音でしかない。またしても群集の中で独りぼっち。一人でひたすら酒を呑むしかなかった。

「チョーノ！」

ハリスに呼ばれて行くと、俺と同世代くらいだろうか、若い女の子が立っていた。知り合いの娘さんだという。俺が若すぎて浮いてしまうから若い娘を連れてきてくれ、とハリスが事前に頼んでくれていたらしい。

「はじめまして。マサヒロ・チョーノです」

「マルティーナよ」

こんな綺麗な子が来るんだったら、酒量を抑えておくべきだったと後悔したが時すでに遅し。

すっかり酔っていた俺は二人に抱えられ、タクシーに押し込められた。

しかしハリスは気を利かせてくれていたのだ。マルティーナと俺を部屋に押し込めると、

「あとは若い者同士で楽しめよ」

と会場へ戻っていった。

マルティーナと二人きりになった。しかし俺は酔っていたし、たぶん泣いていた。ずっと孤独な欧州武者修行だった。それでもなんとかゴールの地であるブレーメンまで辿り着いた。寂しさと同時に湧き起こる密かな達成感。そんな複雑に入り混じった気持ちを抱えながら、ずっと呑み続けていたからだ。

俺はテーブルの上に一枚の写真を飾っていた。当時、遠距離恋愛中だった日本の彼女だ。マルティーナはきっと、その写真と酔った東洋人を交互に見たのだろう。彼女は俺に布団を掛けると、静かに出ていった。

翌日。ハリスがニヤニヤしながら話しかけてきた。

「昨日の夜はどうだったんだ？」

「いや、何もない。酔って寝ちまったから……」

「嘘つくなよ！　楽しんだんだろ？」

「いや、ほんとに何もなかったんだ」

ボーリング

マルティーナは俺たちが泊まっていたキャラバンからほど近いレストランでアルバイトをしていた。俺は花を持ってレストランを訪れ、昨夜送ってくれたことのお礼を伝えた。マルティーナが片言の英語が話せたのは助かった。

伝えたかったのはお礼だけではなかった。俺はレストランに通い続け、何回もデートに誘った。マルティーナは、孤独でひび割れた俺の心に咲いた一輪の花だった。

「アイスショーのチケットが手に入ったんだ。会場で待ってる」

俺は片言の英語で伝え、その場を去った。

アイスショー当日。俺の隣は空席だった。後日問いただすと、

「どうして来てくれなかったんだい？」

「だって、あんな子供向けのショー、好きじゃないわ」

「え……あ、そう……」

俺は諦めなかった。その後もことごとく断られたが、ＯＫをもらうまでデートに誘い続けた。

「ディスコに行かないか」

「うーん……いいわよ」

「やった！」

心待ちにした当日。待ち合わせ場所に行くと、マルティーナは二人の女友達を連れてきていた。

「なんだよ……まぁ仕方ないか」

俺は声に出して呟いた。日本語だから問題ないだろう。二人きりではないのにガッカリしたが、やっと店の外で会えたのだから良しとせねばと思った。

アジア人男性がドイツ人女性三人を引き連れて歩いた、と言いたいところだが、実質的にはリードされっぱなしだった。マルティーナたちはまっすぐディスコへ行かず、ショットバーをハシゴしてウォッカを呷り続けるのだ。下戸《げこ》の俺は三軒目で潰れてしまい、そのまま店に放置されてしまった。

後日。俺はもう一度マルティーナをディスコへ誘ったのだが、またしてもショットバーのハシゴで潰されてしまう。マルティーナはリング上の誰よりも強敵だった。

三度目の正直でやっとディスコへ辿り着いたのだが、今度は言葉の壁に悩まされた。

「Are you boring（アー・ユー・ボーリング）？」

とマルティーナが話しかけてきた。〝退屈じゃない？〟と聞いてきたのだ。

正しくは「Are you bored（アー・ユー・ボアード）？」なのだが、マルティーナも英語は片言。仕方がなかった。

「え？　ボーリング？」

いきなりボーリングの話をされて少々面食らったが、俺は答えた。

「マイ・アベレージ・ワンハンドレッド・トゥエンティ（私のアベレージは１２０です）」

退屈じゃない？　と気遣ったにもかかわらず、俺がボーリングのスコアを答えているのだから、彼女の頭上にも「？」が浮かんでいた。

「アー・ユー・ボーリング？」

「イ、イエス。アイ・ライク・ボーリング。マイ・ベストスコア・イズ……」

「ノーノーノー」

こんなやり取りを繰り返し、彼女は帰ってしまった。俺が会話のすれ違いの原因に気付いたのは、ずっと後のことだ。

別れ際の涙

一一月のブレーメンは寒かった。外気温がマイナス五度を下回ることは珍しくなかった。ましてや俺はキャラバン（キャンピングカー）暮らし。しかも暖房器具はヒーターひとつしかなくて、いつも毛布にくるまって凍えていた。トイレに行くにもシャワーに行くにも、一度車を出て寒風の中を歩かなければならなかった。見るに見かねて、マルティーナが言った。

「うちに泊まっていいわよ」

「やった！　サンキューサンキュー！」

彼女の家に呼ばれて風呂から上がると、マルティーナはベッドの上で、Ｔシャツと下着という姿で寝転がっていた。

（ここまで長かったな……やっとか）

俺はおずおずとマルティーナに近づいた。すると、伸ばした手を叩き落とされた。

「そんなんじゃない！」

日本と違って海外では、女性がオープンな恰好でいるものだ。例えば日本であればノーブラはあり得ないが、海外では珍しくもなんともない。

「勘違いしないで。私はあなたがかわいそうだから泊めてあげたのよ！」

「……ああ、ソーリーソーリー」

俺はこうして三歩進んで二歩下がりながら、マルティーナとの距離を埋めていった。


マルティーナの家から試合会場へ通うようになり、俺は日々の試合をこなしていった。そしてとうとうブレーメンでのトーナメントが終わろうとしていた。

「次の行き先とか、どうしたらいいんですか？」

俺は会社に電話を掛け、白紙のスケジュール表を見ながら訊ねた。ブレーメンの次のスケジュールが何も知らされていなかったのだ。欧州武者修行はこれで一旦区切りなのか？　旅は続くのか？　日本へ戻ってこいなのか？

「カナダのカルガリー経由でアメリカを目指してくれ」

「わかりました」

電話を置くと、俺は深く息を吐いた。欧州武者修行が終わった、からではない。ブレーメンを去るということは、マルティーナと離れるということ。その現実を突きつけられたからだ。

いつかはこの日が来るとわかっていた。だから俺はヨーロッパにいる間の〝期間限定の関係〟だと割り切っていた。マルティーナもわかっていたに違いない。初めて逢った夜に酔った俺を部屋へ運んでくれた時、テーブルの上に飾っていた遠距離恋愛中の日本の彼女の写真を見ていたはずだから。

——旅立ちの日。俺はマルティーナに言った。

「空港まで送ってくれるかい？」

マルティーナは静かに言った。

「行かない」

寂しかったが仕方がないとも思った。お互いにこれ以上、傷口を広げないほうがいい。

「……そうか……わかった」

肩を落として階段を下りていく俺のあとを、マルティーナがついてきた。マンションの玄関までは送ってくれるらしかった。

「じゃあな」

ため息と共に振り返ると、マルティーナが泣いていた。アイスショーをぶっちぎったマルティーナが、テキーラの一気飲みで俺を何度も潰したマルティーナが、「勘違いしないで」と俺の手をはたき落としたマルティーナが、あんなに気の強いマルティーナが泣いていた。

俺はこの時、気づいた。

二人の関係は期間限定のものではなく、本物の恋だったんだと。

流転

大西洋を越え、真冬のカルガリーに降り立った。ブレーメンも寒かったが、生まれて初めて訪れたカナダの寒さも相当なものだった。降り積もる雪を睨みながら、俺は全身を震わせた。

カナダも初めてなら、ブッカーの大剛鉄之助さんとも初対面。右も左もわからない厳寒の地で、最悪なことにいきなり喧嘩が勃発してしまった。

「カンザスのギャラはどれくらいなんですか？」

俺としてはごく当たり前な質問だった。すると大剛さんはいきなり怒鳴りつけてきたのだ。

「何言ってるんだ！　行ってみてトライアウトしないと、ギャラもくそもない！」

俺はムカッときた。

「それはおかしいでしょう！　ヨーロッパからわざわざ飛んできて、ダメだったらどうするんですか！　あなた、エージェントでしょ？　ちゃんとしてくれないと困りますよ！」

欧州武者修行を終え、一人前のプロになったという自信と自覚があった。

「てめぇ！　この鼻くそが！　てめぇのことなんてアメリカの誰が知ってるんだよ！」

「そんな言い方はないでしょう！　ヨーロッパは半年間ツアーで面倒を見るという契約でしたよ！」

「アメリカは違うんだよ！　アメリカの場合はまず仕事ぶりを見るんだ。良ければ半年使ってくれるし、ショッパかったら一試合でサヨナラなんだよ！」

今ならわかる。欧州ツアーは坂口さんとオットー・ワンツという会社のトップ同士のホットラインで守られていたに過ぎない。海外では全部自分でプロデュースしなければ、実力がなければ、何の保証もない世界なのだ。

大剛さんは、一人前になったと勘違いしている俺に釘を刺してくれたのだった。


幸いにも俺はトライアウトに合格し、いざアメリカのカンザス地区に入った。年の瀬が迫る中、クリスマスの試合に出場できることになった。

「で、いくらですか？」

「最初だからな。三〇ドルか四〇ドルだろう」

一ドル一〇〇円で換算すれば、三、四〇〇〇円くらいだ。当時のレートを思い出せないが、多くて五〇〇〇円前後だろう。

「ええ！　なんすか、それ！」

「客を呼べるようになってから言え！」

最初だから仕方がないと言い聞かせ、俺は精一杯戦った。現地のレスラーたちは三年目の俺から見ても二流、三流だった。しかし、それにしても客があまりにも入らなかった。試合のスケジュールは週に三日ほどしか組まれなかったのだ。ギャラは一試合五〇ドルに上がっていたが、なんせ客がいないのだから支払い自体が滞った。

俺は貯金を食い潰しながらリングに上がり続け、NWAセントラル・ステーツTV王座、WWA世界ヘビー級王座を獲った。日本のマスコミは『蝶野がアメリカでタイトル奪取』なんて報じたのだろうが、実情は寂しいものだ。ギャラの未払いでレスラーたちがどんどん辞めていったから、俺に順番が回ってきたようなものだった。

戦っても戦っても金が減っていく。俺は本気で、よく行く日本食のレストランでアルバイトしようと思い詰めたほどだった。

「これからどうなっちまうんだ……」

俺は箸を置き、うなだれた。

「……そういえば大将」

「なんでしょ？」

「ボーリングって、ピン倒すやつ以外に、どんな意味なんですか？」

「ああ。それは〝退屈〟って意味ですよ」

そうだったのか。マルティーナはあの夜、「退屈してない？」と気遣ってくれたのか。そうだったのか……マルティーナに逢いたい。

俺はめちゃくちゃな文法で、英語の手紙を書いた。そろそろ届いた頃かなというタイミングで、マルティーナから電話が掛かってきた。

「来週、行くわ」

「え？　え？　来週？　ほんとに？」

そんなに俺に会いたいのか……やっぱりあの別れ際の涙は本物だったのだ。

「来週だなんて、すごいね……」

「あなたに会いたいというより、アメリカに行ってみたくなったのよ」

「……あ……そう」

そんな風にマルティーナがやって来て、またドイツへ帰ってしまうと、再び試練の日々に戻った。相変わらずギャラは払われず、レスラーたちは次々と去っていった。

ある日、何かと俺を助けてくれたベテランのボブ・ブラウン選手が話しかけてきた。

「チョーノ。もうこのテリトリーはダメだ。俺はカナダのイーストコーストへ行く。ちょうど四月から九月くらいまでがプロレスシーズンに当たるんだ。一緒に来ないか？」

「行くよ」

カナダへ向かう数日前。会場に客は四人だった。

ボブと俺はカンザスを捨て、カナダのノバスコシアまでの三〇〇キロを車で北上した。間もなく、俺たちが脱出したカンザスの船は沈んだ。

カナダの会場は六〇〇人くらいは入っていたと思う。やっとまともな生活に戻ることができた俺は、主催者に頼み込んでもらったオフを利用して、ブレーメンへ飛んだ。

「久しぶりにドイツに来てみたくなったんだ」

「そう」

マルティーナの存在がなければ、俺は途中でドロップアウトし、何も得るものなく日本へ帰っていただろう。海外遠征における一番の収穫は、彼女に出会えたことだった。

闘魂三銃士結成

ノバスコシア州、ニューブランズウィック州を主戦場として戦い続けていた頃、橋本選手は同じカナダのカルガリーにいた。

しかし、試合を干されていた。観戦に来た子供の背中に女性器を意味するマークを落書きしたのだ。

仕事がない橋本選手は、リハビリでロスに来た猪木さんのトレーニングパートナー兼ボディーガードになったのだが、そこで何か話し合いがあったらしい。橋本選手から連絡が来て、急遽、武藤選手を交えて三人で会うことになった。

武藤選手はその頃プエルトリコで活躍していたのだが、スケジュールの関係でどうしても出国できないという。

ニューヨークで橋本選手と待ち合わせ、フロリダ経由でプエルトリコへ飛んだ。

サンファンの空港には週刊プロレスの特派員、中山ケイジさんがいた。タイガー服部さんの先輩にあたる人だ。俺たち三人のスリーショットが撮りたいのだという。この当時は、週刊プロレス、週刊ゴング、週刊ファイトという三大専門誌と東京スポーツ新聞の四社がたびたび、海外遠征組を遠路はるばる取材に来ていた。

空港から住所を頼りに、タクシーで向かった。

「このへんなんだけどなぁ」

住所は合っているのだが、マンションへなかなか入れない。治安が良くないサンファンはセキュリティが厳しかったのだ。

「電話してみるか」

プルルプルル……。

「出ないなぁ」

「困ったなぁ。ここで合ってるはずなんだけどな」

「呼んでみようか」

「おーい！　武藤ちゃーん！」

三〇分くらいそんなことをしていただろうか。窓が開き、武藤選手がひょっこり顔を出した。

「なんだ、いるんじゃねーか！　試合に行くから空港に迎えに行けないって言ってたのに、いるんじゃねーか」

「おーい！　入れてくれよ！」

武藤選手は寝ていたらしい。こっちは遠路はるばる来たのに！

そんなドタバタはあったものの、俺たちのスリーショットが撮影された。猪木さんが持ち出した話なのか、橋本選手が持ち掛けたのか、真相はわからない。ただ長州さんを中心とした主力レスラーが大量離脱したことを受け、若手を一日も早く看板レスラーにすることが急務であったことは確かだ。そこで俺たち三人に白羽の矢が立ったのだろう。

闘魂三銃士が結成されたのは、一九八八年七月二日のことだった。

第三章

栄光の代償

Chapter3 Glorious compensation
1988–1993

ギャラは一本

「闘魂三銃士？　なんだそりゃ？」

武藤選手と橋本選手がどう思っていたのかはわからないが、正直俺は戸惑っていた。

〝闘魂〟は言わずもがな、新日本プロレス創業者である猪木さんの代名詞だ。猪木さんは長年トップを張りながら、自身の後継者たるアントニオ猪木二世を作りたかったはずだが、継ぐ者は現れなかった。藤波さんや前田さんなど偉大な先輩方でも継げなかった、そんなデカすぎるものを、俺たち若造三人で継ぐなんてあり得ない。そう思っていたのだ。

万が一、会社の方針ではなく、猪木さん自身が俺たち三人にそれを求めたのだとしても、やはり嬉しくなんかない。重荷以外の何物でもないのだから。

〝三銃士〟という言葉の響き自体にもピンとこなかった。体のサイズ的に〝大型新人〟の三人ではあったが、俺たちはただの同期だ。しかも年齢も違う。強い絆《きずな》で結ばれ、共闘してきた歴史があるわけじゃない。

キャラクターの違う三人で役割を分担して、三位一体になって天秤に乗ったとしても、猪木さんのほうが遥かに重い。猪木さんは唯一無二の存在であり、二世を作ることなんて不可能なのだ。

そんな風に俺は感じていたが、プエルトリコで闘魂三銃士として写真を撮ってから一カ月後、俺たち三人に一時的な帰国命令が下った。〝ワンマッチ凱旋〟というわけだ。

闘魂三銃士という言葉にしっくりいかない俺とは対照的に、橋本選手は興奮していた。

「ムトちゃん、蝶ちゃん、いよいよ凱旋だね！　やっぱ俺たち期待されてんだよ！」

「そうかなぁ」

本当に期待なんかされているのだろうか？　万が一期待されているとしても、俺たちはまだまだ応えられる器ではないだろう。いや、武藤選手と橋本選手は可能性を秘めているかもしれないが、少なくとも俺なんかまだまだ……そんな風に思いを巡らせていると、橋本選手が目を見開いて言った。

「今回はワンマッチだけど、一本出ちゃうね！」

「一本って？　一〇万？」

「蝶ちゃん、何言ってんの。一〇〇だよ、一〇〇！」

武藤選手がたまらず割って入った。

「んなわけねーだろ！　アメリカでワンマッチ一〇〇万円って、ＮＷＡチャンピオンのクラスだぞ。あり得ねーよ」

俺たちの世代で一番期待されていた武藤選手は一九八六年に一度帰国して、スペース・ローンウルフとして売り出された。しかし新日本に帰ってきていた第一次ＵＷＦ勢から〝生意気な若造〟と目を付けられ、足を引っ張られてしまった。翌八七年に勃発した新旧世代闘争でも痛い目を見て、自分の居場所はまだ新日本にないと感じていたのだろう。だから今回のワンマッチも帰国したくないと思っていたはずだ。

俺は俺でやっとカナダで食えるようになってきた矢先だし、闘魂三銃士という名前に重圧を感じていた。

つまり、三銃士の長男・敬司、次男・正洋の二人は帰国に消極的だったのだ。三男・真也だけが息巻いている状況だった。

「一〇〇なんてあるわけねぇよ」

「ムトちゃん。そうじゃないんだって。今の新日本には若い力が……」

カナダで試合を干されていた橋本選手だけは、日本に帰りたがっていた。ずっと日本でトップを獲ることしか考えていなかったから、凱旋に夢を見ていたのだ。

思惑がバラバラな三人だったが、成田空港に降り立った俺たちを待っていたのは、押し寄せたカメラマンたちが放つおびただしいフラッシュの嵐だった。

「ムトちゃん！　蝶ちゃん！　どうよ！　この歓迎ぶりを見ろよ！　俺たちは期待されてんだって！　一本いっちゃうって！」

真っ白な視界の中で、俺は橋本選手の言うことも満更でもないんじゃないかと思い始めた。フラッシュの嵐はしばらく止まず、まもなく『闘魂三銃士　帰国会見』という看板が掲げられた別室へ通され、記者会見が始まった。思わず武藤選手と顔を見合わせた。

「すげーことになってんな……」

「これは一本あるかも……」

一九八八年七月二九日、有明コロシアム。藤波・木村・越中組VS闘魂三銃士。当日、俺たち三人は意気揚々と会場に向かった。試合前にギャラの支払いが行なわれることになっていたのだ。いよいよ帯付きがもらえる日が来た、給料袋が立つ日が来た！　期待で胸がはちきれそうだった。だが坂口さんから渡された封筒は、どうやっても立たないほど薄かった。一〇万円だった。

「んだよ、話が違うじゃねぇかよ！　ゼロ一個忘れてんじゃねーか」

「やってらんねぇよ、二試合もキャンセルして日本に来たのによぉ。これじゃあ、赤字じゃねぇか！」

武藤選手と俺は思わず嘆いた。橋本選手はうなだれていた。橋本選手の場合は、会社に前借りしていた分が天引きされていたようで、ほとんどゼロに近かったのだ。

「こんなもんだよ、こんなもん」

俺は吐き捨てるように呟いた。ファンやマスコミの期待値は上がっているかもしれないが、会社の中での存在、評価は変わっていなかったのを感じた。武藤選手と俺は、ぼやきが止まらなかった。

「こんなんじゃ、もう日本へ帰ってくる気も起きねぇよ」

一時帰国し、有明コロシアム大会に闘魂三銃士として登場。

試合後、3人は再び海外に飛び立った。

「ずっと海外でやっていけばいいって、ますます思っちゃうね」

「やりたいようにやって、とっとと帰ろうぜ」

ゼロがひとつ多ければ、もっと丁寧に試合をしようと思っていただろう。しかし、あまりにもガッカリした俺たちは、もう自分たちが好きなようにやって、とっとと帰ろうという気持ちになった。

この当時はＵＷＦ系の選手たちが新日マットへ帰ってきていて、その影響で新日マット全体が相手の技を受けない〝ノーセール・スタイル〟に傾いていた。

橋本選手は滅法攻めたいタイプだが、武藤選手と俺は受けを重視していた。だからこの試合は、新日マットへのアンチテーゼを込めて、徹底して受け身を魅せてやろうと決めた。

俺は大袈裟な受け身をとり続けた。時にレフェリーを無視して進行するといった程度の、若手ならではのやんちゃさを出しながら、好きなように動いた。

結果は反則勝ちだったが、もはや勝敗はどうでもよかった。やりたいことをやって、三人は再び海の向こうへと〝帰って〟いった。

限界点を越えた時

武藤選手はテキサス、橋本選手はテネシー、俺はカナダのノバスコシア地区を経て、秋口にはアメリカのアラバマ州へと転戦した。

一九八八年一一月には再び一時帰国。『88ジャパンカップ・イリミネーション・リーグ戦』に参加し、藤波さん、橋本選手と組んで準優勝。リーグ戦が終わると、一二月にはまたアラバマへ。この当時の俺は、海のこっちと向こうをめまぐるしく行ったり来たりしていた。

年が変わって、春にまた帰国命令が下った。一九八九年四月、プロレス界初のドーム興行が行なわれるためだった。

この時は、さすがに正式な帰国命令、つまり日本定着の命が出るものだと思っていた。八七年六月にドイツへ旅立ってから海外遠征生活は二年になる。武者修行の期間としては、決して短くないはずだ。しかし、これも一時帰国だった。

会社は俺をまだ必要としてないんだな……。不貞腐れたわけではなく、冷静にそう思った。それならそれで覚悟を決めなければならない。アラバマ州のタッグチャンピオンにもなったことだし、本気で海外に根を下ろして食べていこう、と。

桜田さん（桜田一男、ケンドー・ナガサキ）、カブキさん（ザ・グレート・カブキ）、戸口さん（タイガー戸口）、大剛さん（大剛鉄之助）のような先輩たちのように、日本人レスラーとしての個性を生かし、異国の地で確固たるポジションを築いていかなければならない。

海外のリングはベビー（善玉）とヒール（悪玉）の色分けがはっきりしている。イエローである日本人レスラーは、もちろんヒールに回ることになる。二年間の海外遠征でずっとヒールをやってきたが、戸惑いも苦手意識もなかった。善悪の構図がはっきりしてお客さんが熱狂してくれるなら、いくらだって憎まれ役をやってやる。そう思っていた。

レスラー仲間たちからは、東洋人とかイエローに対する露骨な差別を受けたことはないが、お客さんたちからは、やはりその空気は少なからず感じるものがあった。

被害妄想も含め、そういったものへの怒りの感情が原動力になっていたのは確かだ。

「日本人ナメんじゃねーぞ！」

そう怒鳴っても日本語だから誰もわからないが、俺は自分なりにリング上での気分の高ぶらせ方を覚えていった。


ともあれ一時帰国して、俺は第一回東京ドーム大会『ＩＷＧＰヘビー級王座決定トーナメント』に参加、一回戦でビッグバン・ベイダーと対戦することになった。

プロレス界初の東京ドーム興業。かつて経験したことのない大舞台だ。一カ月前から体調に気を使い、この試合に向けて日々精神を高ぶらせていった。

付き人時代、猪木さんを間近でずっと見てきたことが役に立った。猪木さんは開幕戦から徐々に調子とテンションをあげていき、最後の一週間は、誰も近づけないような、ピリピリとしたオーラをまとっていく。俺もそれに倣《なら》って、心身のコンディションを上げていった。

一九〇センチ、一七〇キロの体格から繰り出される圧倒的パワー。巨体ながらも空中技をこなすセンス。ベイダーと俺では身体的なポテンシャルが違うってことは、もちろんわかっていた。勝てるとは到底思えない。当たって砕けろだ。みっともない試合じゃなく、お客さんに沸いてもらえる見せ場を作ろう。そう誓った。

当日。東京ドームは異様な熱気に包まれていた。海外転戦中、収容人数が最大でも二〇〇〇人ほどの会場で試合をしてきた俺にとって、そこは異世界だった。

五万人の大観衆が放つ歓声と拍手は、時空を歪めるようなうねりとなって、ドームを支配していた。俺は圧倒され、声を失った。

「なんだよ、これ……」

このままでは、うねりに飲み込まれてしまう。我に返った俺は入場の花道で吠えた。

「ぐああああああああああ！！！！」

目を見開いて、歯を剝き、青筋を立て、握り拳を震わせながら気合を入れた。

その瞬間、まるでブレーカーが落ちるように俺の中で何かが切れた。アドレナリンが出すぎたのだ。花道で吠えて以降の記憶が全くなくなってしまった。交通事故なんかで記憶が飛ぶというが、こういうことなのかもしれない。俺は吠えた後に、リングに上がり、試合をしたはずなのだが、その間のことをひとつも思い出せないのだ。

なぜそんなことになってしまったのか。緊張ではない。海外修行で試合自体にはすっかり慣れていたから、常に平常心で臨めるようにはなっていた。むしろ冷静かつ客観的に、俺は俺を見ることが出来た。

プロレス界初のドーム興行で、ベイダーと戦う。冷静なままではいけない、もっと燃え滾らなくてはならない。俺はそう考えたのだ。アドレナリンを放出するためには、闘争本能の限界を超えなければならない。そう決意し、気合を入れすぎた結果、メーターを振り切ってしまったらしい。そして、以後の記憶が一切飛んでしまったのだ。もしも試合で大怪我を負っていたとしても気づかず、試合後にギプスを見て初めて、「なんだこれ！」と悲鳴を上げていただろう。

幸いにもこの試合で俺は怪我をすることなく、試合後にシャワーを浴び、荷物をまとめ、帰りのタクシーに乗ったらしい。

らしいというのは、試合から三時間後、タクシーの車内で我に返ったからだ。あれ、俺、タクシーに乗ってる……なんでだ？

「あのう、運転手さん……」

「はい？」

「俺はどこから乗ったんでしょうか？」

「……はぁ？」

バックミラーに映る運転手さんは、明らかに眉をひそめていた。

「どこって……東京ドームからお乗りになったじゃないですか」

「……あ、そうなんですね。変なこと聞いちゃってすいません……」

のちに確かめたところ、俺は五分ほどでベイダーに負けたらしい。試合の記憶が一切ないなどという経験は、後にも先にも、このときしかない。

ちなみにベイダーはこのトーナメントを勝ち進み、優勝してIWGPのベルトを巻いた。決勝戦の相手は橋本選手だった。敗れはしたものの、怪物相手に大善戦し、株を上げたのだ。橋本選手は日本定着を強く望んでいたから、格好のアピールになると頑張ったんだろう。

気合を入れすぎて記憶が飛び、五分で敗れ去った俺はますます思った。日本に帰る日は、ずっとずっと先になるだろうと。

ブッチャーとの欧州珍道中

ドーム大会終了後、アラバマへ〝帰った〟。この頃の俺は、日本へは〝行く〟で、海の向こうへ〝帰る〟という認識だった。

ところが、この〝帰国〟でとんでもないことが起こった。当時の雇い主であるプロモーターがワーキングビザの申請を怠っていて、入国できないというとんだ災難に見舞われたのだ。

入国管理局で、俺はつたない英語で必死にまくしたてた。

「せめて、一週間の猶予をくれないか！」

「ダメだ。三日だ！」

三日の間に去らなければ、向こう六年間、アメリカに入国できない規則だという。

俺は即アパートを引き払った。車は売却する時間もなく空港へ捨て、飛行機に飛び乗った。アラバマで俺はCWFタッグ王座のベルトを保持していたのだが、よもやの国外強制退去により返上することになった。いや、ベルトどころか俺は突然、職を失ってしまったのだ。よく言えば、海外のテリトリーにも新日本プロレスにもどこにも所属しないフリー。でも要するに無職だ。

東京ドームで記憶を失っている間に、ベイダーに五分で屠《ほふ》られた。こんな形で日本へ帰るなんて、恥ずかしくて絶対にできない。マルティーナのいるドイツへ向かう以外に選択肢はなかった。

ブレーメンに着き、マルティーナと再会できた喜びも束の間、俺は求職活動に追われた。海外遠征が始まったばかりの頃に世話になったオットー・ワンツに電話をかけてみた。

「チョーノ！　久しぶりじゃないか！」

「実は今、ドイツに帰ってきてるんだ」

「オオ！」

「実は……失業中なんだよ。もう一回使ってくれないか？」

「なにか訳アリだな。いいぜ！　調整してみるよ」

オットーが動いてくれて間もなく、アメリカのレイガンズ道場（ミネソタ州ミネアポリス）にいた橋本選手から電話が入った。

「七月に日本へ帰ることになってさ」

ベイダーと決勝を戦って株を上げた橋本選手は、一時ではなく正式な帰国命令が会社から下ったのだ。

「帰りたがってたからな。良かったたな、ブッチャー」

「うん！　思い切りやってやるよ！　でも帰国する前に、ヨーロッパへ遊びに行きたいんだよね」

俺は突然アメリカを追われ、職を求めてドイツへ渡ったというのに、橋本選手は日本帰国前の観光気分だった。

「俺、試合があるからなぁ。ブッチャーと遊んでる時間あるかなぁ……」

「じゃあ、プロモーターに頼んでよ。俺、スポットで蝶ちゃんと一緒に試合に出たいよ」

「よっしゃ、聞いてみるよ」

オットーが受け入れてくれたため、橋本選手がブレーメンにやってきた。オットーが用意してくれた舞台は、二年前の武者修行先であるグラーツでのトーナメントだった。

ブレーメンからグラーツまで一〇〇〇キロ強のロングドライブ。一〇〇〇キロほど進んだハノーファーで車が故障し、俺たちは一度ブレーメンへ引き返す羽目になった。日本人レスラー二人による珍道中の幕開けだ。

ドイツでは試合前に入場式のようなものがあり、選手たちはそれぞれパフォーマンスをする。俺はかつての経験から勝手がわかっていたから、ハチマキに空手着を着て、空手の型みたいな動きをした。いかにも東洋人めいた、ドイツ人が喜びそうなパフォーマンスだ。

初めての経験となる橋本選手は、どうしようかと悩んだ挙句、日の丸の旗をタイツに入れ、前掛けのように垂らして入場しようとした。たぶん相撲の化粧まわしを意識したのだろうが、プロモーターのオットーに「それはやめてくれ」と止められた。

次の日は、日の丸をマントにして、またしてもオットーが却下。三日目はさすがに日の丸を諦めたのだが、控室でハサミをしきりに動かしている。今度は何をやるかと思いきや、リング上で紙吹雪を頭上に投げ、扇子で散らした。オットーは頭を抱え、ついに「ハシモト、もうおまえは何もしなくていい」と静かに告げたのだった。

トーナメントとは別に、日本人対決も組んでもらった。

「時間を気にせず好きなだけ暴れてくれ！」

ドイツはラウンド制なのだが、オットーが急遽六〇分一本勝負という舞台を用意してくれたのだ。

二人の日本人レスラーは、ドイツ人たちをあっと言わせてやろうと張り切った。しかし気負い過ぎてしまったため場外戦になり、五分ほどで両者リングアウト。大ブーイングを浴びることになった。

僅か三週間ほどの遠征だったが、橋本選手が動くと必ず何かが起きるものだ。この珍道中は他にもいろんな笑い話があるのだが、それだけで本一冊になってしまいそうだから今回は割愛する。

「蝶ちゃん、日本で待ってるから！」

帰国する橋本選手を見送った俺は、グラーツでのシリーズを終えると、ウィーンのトーナメントに参加した。

やがて、『橋本真也 ＩＷＧＰタッグ王座に挑戦！』という華々しい活躍を伝えるニュースが届いたが、俺は俺で海外でコツコツやっていくしかないと思い、地道に試合を重ねていった。

そんな矢先だ。橋本選手が日本に帰国してから二カ月後の九月、俺にも帰国命令が下った。今度は一時ではなく、正式なほうだった。

未来とか運命というのは、つくづく予想のつかないものだ。空港に車を捨ててアメリカを飛び出し、ドイツで新生活をスタートさせ、いよいよ海外で足場を固める決意をしたら、「帰ってこい」だ。

俺は各方面の関係者に帰国報告と感謝の電話を入れた。そして、アメリカ時代に世話になった大剛さんに挨拶した時だった。

「アメリカではお世話になりました。いよいよ帰国することになりまして」

「そうか。まあ頑張れよ。おまえ、帰る前にちょっとアメリカに寄れよ。ルー・テーズの道場で練習していかないか」

確かにテーズ道場で何か技の一つでも習得して帰るのも悪くない。俺はバージニア州ノーフォークへ飛んだ。大剛さんの誘いに軽い気持ちで応じただけだったのだが、この寄り道は俺のプロレスラー人生にとって、重要なポイントになった。

「なんだ、あれは？」

「どうなってるんですかね？」

テーズさんがスパーリングの中で披露した技に、大剛さんと俺は釘付けになった。初めて目にする技だった。スパーリングパートナーは全く身動きがとれないでいた。

「セメント技だけどね」

テーズさんが教えてくれた技は『ＳＴＦ』というものだった。ステップオーバー・トーホールド・ウィズ・フェイスロック。もともとは拷問台の意味を持つ『ＢＡＣＫ』という古典的な技らしく、テーズさんの師匠であるレイ・スチールというレスラーが使っていたらしい。

これは試合で使えるんじゃないか。温故知新だ。俺はクラシックテクニックに、新鮮な驚きと可能性を覚えた。

俺はちょうど、自分に足りないものに気づき始めていた頃だった。必殺技がなかったのだ。

猪木さんの延髄斬り、武藤選手の側転エルボー、ダイナマイト・キッドのダイビングヘッドバッド、ＵＷＦ系の選手がみせるようなキック。いろんな技を試してはみたものの、どれも体にしっくりこず、本家には迫れなかった。もともと飛んだり跳ねたりする技が不向きだということを思い知っただけだった。

それにどうせなら必殺技は自分しかやらないような、オリジナリティ溢れるものがいい。真似をするのではなく、真似されるような技が欲しい。

「これだな」

ＳＴＦにピンときた。この技を土産に帰ろう。そう決めて、テーズさんに教えを乞うた。

以後、ＳＴＦは俺の必殺技として掛け替えのないものになっていく。

帰国

通算約二年半に渡る海外修行を終えるにあたり、心配事があった。マルティーナのことだ。俺が帰国の件を伝えると、彼女は即答した。

「私も一緒に日本へ行く」

「うーん……」

俺は唸った。プロレスをやりながら、日本語が全くできない彼女をケアしきれるだろうか。彼女にとって日本は、俺以外は誰一人知り合いのいない異国の地。俺が地方巡業に出れば、ずっと独りぼっちになってしまう。

いや、それ以前に、帰国後、新日のリングで俺が結果を出せなければ、また海外に出されてしまう可能性もある。その場合、プロレスを続けるかどうかの判断を下さなければならない。彼女はこのままドイツに残ったほうがいいんじゃないか。プロレスラーとしてのポジションをある程度確立し、やっていける見通しがついて、経済的な不安が小さくなってから、彼女を迎え入れたほうがいいんじゃないか、そう思った。

「一月まで……三カ月ほど待ってくれないか。それまでに、君と住む場所なんかも用意する。受け入れる環境を整えるから」

「いや。一緒に行く。離れたくない」

俺が悩みに悩んで出した提案を、彼女は一秒で却下した。

一九八九年一〇月。マルティーナとともに日本へ降り立った。商社勤務で世界を飛び回っていた兄も同じタイミングで帰国することになったので、大きめの家を借りて、三人で住もうという話になった。

彼女と二人で新生活を、という甘い気分ではなかった。海外へ出る前のギャラが据え置きだったため、懐《ふところ》事情が心もとなかったのだ。一月の契約更改までは家賃などの生活費を出来るだけ抑えたかった。

お袋は俺がいきなり外国人の彼女を連れて帰ってきたことに驚き、言葉を失っていた。まぁそうなるよな……。どう接していいのかわからなかったのだろう。普通に日本人の彼女にしなさいよ、と目が語っていた。一九八九年当時は、現在のように外国人があちこちにいるような環境ではなかった。小学生が「あ、外人だ！　外人だ！」と指さして騒ぐような時代。三鷹の駅前で買い物をしようにも、彼女が英語で話しかけると、店員さんたちは逃げていってしまうのだ。

自分は歓迎されていない……。マルティーナはすっかり打ちひしがれた。

守ってやれるのは俺しかいないわけだが、彼女は俺の態度にもまた失望していた。

「どうしてコソコソしているの？　あなたは私といることが恥ずかしいの？」

「そんなことはないけど……」

海外の場合は、パートナーを公の場に連れていき、周囲に紹介するのが普通だ。別に婚約者や結婚を強く意識している場合だけでなく、普通の彼氏彼女の関係でもそうする。

日本の場合、特に一九八九年という時代柄、自分の彼女を周囲に広く紹介するという習慣は少なかったように思う。「今、この子と付き合っててさ」と紹介したりすれば、「で、いつ結婚するつもりなの？」と返ってきそうな雰囲気が色濃かった時代だ。

俺はマルティーナの存在をひた隠しにしていた。特にプロレス関係者には絶対に知られたくなかったのだ。「蝶野のやつ、海外遠征で何を勉強してきたのかと思ったら、女連れて帰ってきやがった」なんて陰口を叩かれそうで嫌だったのだ。

マルティーナはコソコソしている俺に苛立ち、がっかりしていた。

「ねぇ、どうして堂々とできないの？」

「いやぁ……」

日本人は茶化すんだよ、と心の中で言い訳するのだが、心苦しかった。彼女は微塵も悪くない。茶化されないような立場になればいいのだから、結局は俺に甲斐性がないという話。

そんなマルティーナを家に一人残し、俺は地方ツアーに出なければならなかった。言葉もわからない、俺以外に誰も知り合いもいない異国の地で、ひとりぼっちの彼女。出掛けることもできないし、そもそも金の余裕もない。八方塞がりの四面楚歌。彼女はノイローゼになってしまった。

俺は俺でボロボロだった。帰国して一カ月後の試合でベイダーを投げようとして投げられず、あの巨体を顔面で受け止めてしまった。その際に唇が落ちそうになるほど噛みちぎってしまい、二四針縫った。翌日からもシリーズに出場し続けたのは、もう意地だけだった。

そんな彼女とのギクシャクした生活の中、同年一一月、橋本選手からの紹介という形で、『笑っていいとも』に出演した。一年間でプロになれなかったら大学に復学すると両親を説得し、入門してから五年半。国民的テレビ番組に出演させてもらえることになったのは、喜んでいいことだったはずだ。だが俺は出演時の記憶があまりない。あとで番組を確認してみると、俺はほとんど喋っていなかった。

当時、プロレスラーたるもの、バラエティなんかに出てベラベラ喋るもんじゃない、試合で魅せろという硬派な（融通の利かない）考えがあったのは確かだ。だから何も喋らず、タモリさんを困らせた面もある。しかし、もっと大きな原因は、放送本番の直前まで繰り広げていたマルティーナとの口喧嘩だった。

ノイローゼのマルティーナと、帰国後の新日マットで心身ともに悪戦苦闘していた俺。二人はお互いを労わりあえず、刺々《とげとげ》しくなってしまっていた。

1989年11月、人気テレビ番組
『笑っていいとも』に出演。

時は来た

仕事に家庭の事情は持ち込めない。俺の仕事はリングで暴れまわり、お客さんに楽しんでもらうこと。とにかくプロレスラーでいる時は、試合に集中するしかない、と自分を奮い立たせた。

一九九〇年二月一〇日。第二回東京ドーム大会。俺は橋本選手と組んで、猪木・坂口組とメインで対戦することになった。

言わずもがな、新日のナンバー1とナンバー2のコンビだ。俺たちはさながら太鼓持ちなんだろうと思ったが、だからこそ燃えた。舞台は東京ドーム、観衆は五万人。相手はトップ。暴れまくって存在感を示すチャンスだ。俺と橋本選手はかなり気合が入っていた。

試合前にテレビ局からインタビューを受けることになっていたのだが、この当時はカメラワークの過渡期だった。

スポーツ中継は大きな固定カメラで撮影するのが定番だったのだが、ハンディカメラを駆使して、あらゆる側面を捉えていく試みが始まろうとしていた。プロレス界でもその流れが来ていて、リング上だけではなく、試合前の様子からカメラが追いかけていく演出をしてみようということになったわけだ。

事前の打ち合わせでは、俺たちのコメントを先に撮る手筈になっていた。当然だろう。猪木さん坂口さんのほうが格上なのだから。若手が先に吠え、猪木さんたちが後から美味しいところを持っていくという流れだ。

ところが、段取りに手違いがあったのか、カメラは先にあっちの控室に行ってしまった。しかも猪木さんは、「もし負けるということがあると……」と質問したテレビのレポーターに、

「出る前に負けること考えるバカがいるかよ！」

と、ビンタをカマしたのだ。さすが役者だ、と感心している場合ではなかった。

「ブッチャー、どうする？　猪木さんに先にかまされちゃったよ！」

「なんで俺たちが先じゃないの？」

「参ったな。まぁでもしょうがないよ。俺たちが後ってことは、会社も期待してくれてんだって」

「そうだな。こっちもバシッと決めないとな！」

「で、どうするよ？」

俺はコメントを用意していた。マイクアピールは海外でさんざんやってきたから盛り上げる自信があったのだ。まず俺が、

『てめぇら、ぶっ潰してやるぞ！　時代は変わったんだよ！　俺らに任せときゃいいんだ！　覚悟しとけよ！　この老いぼれが！』

といった感じで吠える。そして橋本選手が、

『蝶野、いくぞ！』

と叫んで、二人で「グァアアアアア！」と周りの机や椅子を蹴散らしながら控室を出ていく。そんなイメージだ。出来るだけ長い時間カメラに映りたいから、なるべく長台詞《ながぜりふ》でいったほうがいいだろう。そう考えていたら、橋本選手が強く主張してきた。

「俺がやるよ！　蝶ちゃん、任せて！　俺が決めるから！」

「えっ、任せて大丈夫？」

「任せて！　決めるから！」

気合に押されて、託すことにした。橋本選手の煽り文句に同調して、大声で叫び、暴れる用意はしておこうと思った。

カメラが回り始めた。橋本選手は一体どんなアピールを打つのか。なるべく二人が撮られる時間を長引かせてほしい。猪木・坂口組とメインで戦う若手の絶好のアピールタイムなのだから。

最初にレポーターからマイクを向けられた俺は、短めにスパッと決めた。

「蝶野選手、どう戦いますか？」

「潰すよ、今日は。オラ！　よく見とけよ、オラ！」

マイクが橋本選手に向けられた。

「そして橋本選手、いかがですか？」

ブッチャー、名調子を頼むぞ。インパクトのある演説を打ってくれ！

「時は来た。それだけだ」

え？　終わり？　それだけで終わり？　マジかよ？

あまりのことに俺は吹き出しそうになってしまった。それを隠すため、カメラに背を向けて笑いを押し殺した。

なんだよ、その短さ。そしてなんだよ、その決め台詞。俺に任せてくれていれば……。カメラが止まった後、俺は通路で言った。

「ブッチャー、なんだよ、あれだけかよ。スベっちゃった気がするぞ」

「そうかなぁ、ダメだった？　決まってたんじゃない？」

「いや、あれはスベったよ」

せっかくの見せ場が台無しになってしまったことで、俺はやけくそ気味になっていた。

「もうさ、今日は受け身なしで、がんがん攻めちゃおうか」

俺が言うと、ただでさえ攻撃好きの橋本選手がのってきた。

「いいよ、いいよ。攻めまくろう！」

そんな会話を交わして、メインのリングに上がった。

ゴング直前。ボディチェック中に、猪木さんが俺にふいに近づいてきて耳打ちした。

「いくぞ」

と。蝶野、おまえが先に出てこいよ、という囁きだった。そして開始早々から派手に仕掛けていくからな、という意味も込められていたはずだ。

猪木さんは宣言どおり飛び出してきて、いきなり俺に延髄斬りをかましてきた。本来であれば、受け止めるところだ。しかし、もうやけくそ気味だったから「受けなくていいや」と思い、ひょいと避けた。延髄斬りが不発に終わった猪木さんは一瞬「え？」という表情で俺を見つめた。俺はじっと睨み返した。宣戦布告だ。

そこからはとにかく攻めた。橋本選手は蹴りまくり、俺は投げまくった。しかし相手は新日のナンバー1とナンバー2だ。うんざりするほど強い。猪木さんの強さは言わずもがなだが、坂口さんには驚いた。先輩たちから噂に聞いていた通りだった。長州さんが「坂口さんにスコーピオンかけるのは一苦労なんだよ。かけたくねぇな」と嘆いていた意味がわかった。

坂口さんの足は、あまりにもデカくて重くて、まるで丸太だった。ボストンクラブやSTFなどの足技に入ろうとするのだが、これが辛い。足首を持って、よいしょと運ぶだけでも疲れる。林業の職人が大木を相手に作業しているようなものと言っても過言ではなかった。

骨格が日本人規格ではない。重い選手はたくさんいるが、坂口さんの重さは異質だった。うんざりする重さなのだ。

坂口さんを剛とするなら、猪木さんは柔。とにかく驚くほど柔らかい。掴みにくる手も柔らかい。触られているのかどうかもわからないほどソフトタッチなのだが、次の瞬間にはマットに叩きつけられている。

大木のような坂口さんを相手にするのも骨が折れるし、羽毛のような猪木さんは掴みどころが

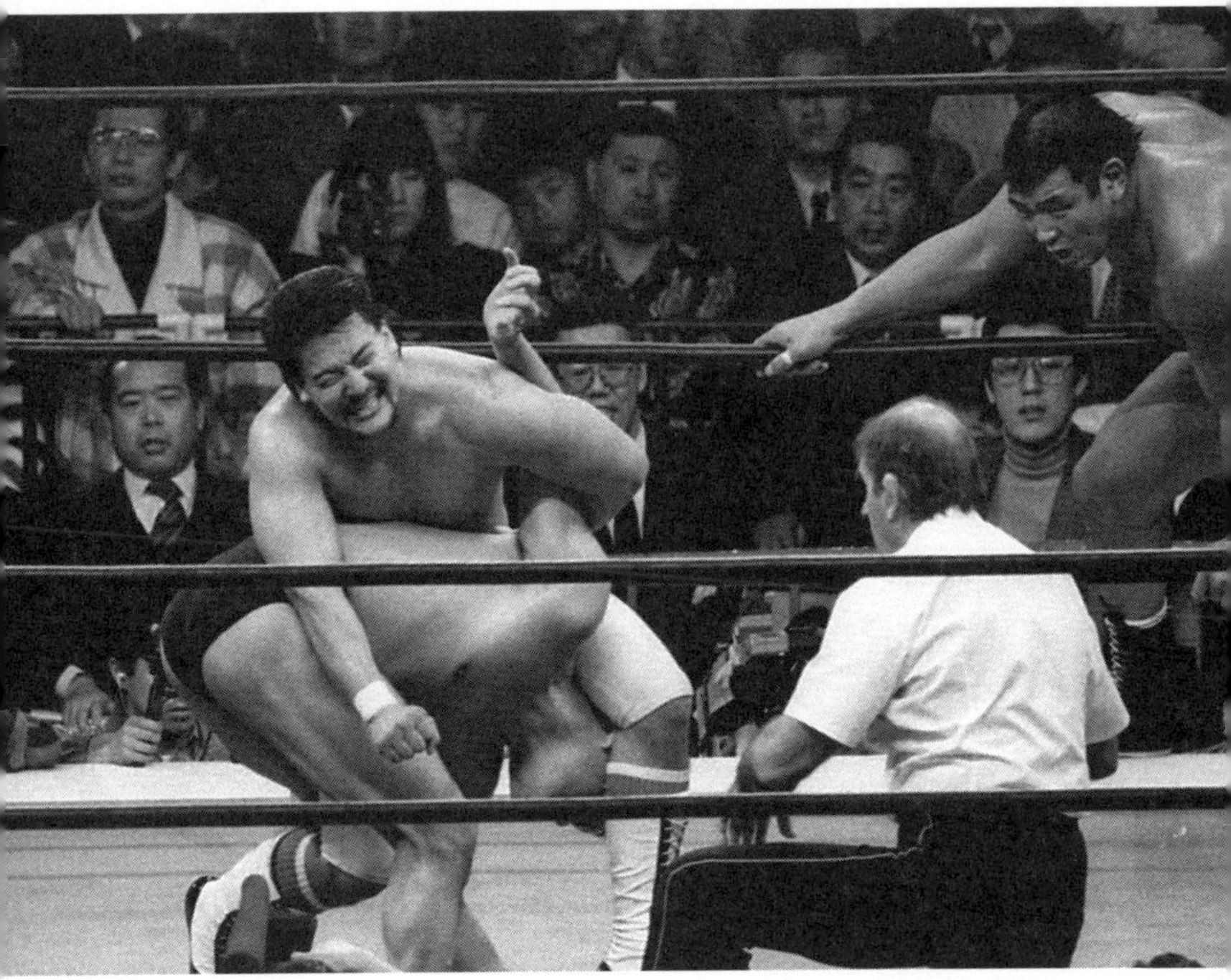

東京ドーム大会で猪木&坂口組と
対戦。猪木を卍固めで攻め立てる。

ない。長くトップに君臨するだけのことはある。改めて凄みを実感した。

試合後。橋本選手が控室でのアピールでやらかしたように、猪木さんもやらかした。それまでは試合後、「ダー！」と勝利の雄叫びをあげていたのだが、この日は違ったのだ。

「ではみなさん、1、2、3で、ダーでお願いします。ご唱和ください」

なんだよ、それ……と思ったのは俺だけではないはずだ。会場も微妙な空気になっていた。実際に、苦笑しているお客さんたちの顔を何人も見た。しかし、この「1、2、3、ダー！」はこの後、完全に定着していったのだから、猪木さんはやっぱり役者が違う。

一億円のアタッシュケース

一九九〇年四月一三日。東京ドームで新日本、全日本、WWF（現：WWE）の合同興行『日米レスリングサミット』が開催された。

俺は長州さんと組み、IWGPタッグチャンピオンの斎藤・橋本組に挑むことになった。WWFと全日のファンに、新日の良さを知ってもらいたい。俺は純粋にそう思っていたが、橋本選手の気合の入り方は半端ではなかった。

橋本選手はただでさえ〝クラッシャー〟の異名をとるほど技が荒々しい。ガンガン行き過ぎるから、海外遠征時代も「スティフ（硬い）」と言われて対戦相手から敬遠されていた。俺も新人の頃に、ニールキックで前歯を何本か折られたことがある。

気合が入りまくった橋本選手はめちゃくちゃに蹴ってきた。ある程度予想はしていたものの、この日は常軌を逸していた。耐えに耐えたが、ついに堪忍袋の緒が切れた。

「てめぇ、いい加減にしろよ！」

俺は踵を使い、マジで蹴り返した。橋本選手は俺の一撃で首を負傷し、一カ月ほど眩暈が止まらないという事態に陥った。

このキックは記者に「まるでヤクザキック」と表現され、以後、俺の象徴的な技として定着することになった。

ＳＴＦに加え、ヤクザキック（ケンカキック）という新たなオリジナル技を俺が手に入れたこの頃、プロレス界は激震していた。東京ドームでの合同興行から二週間後の四月二六日、天龍源一郎選手が全日本プロレスを退団し、メガネスーパーが興す新団体（ＳＷＳ）への参加を表明したのだ。

新日本を去り、メガネスーパー側と接触のあったドン荒川さんから、話自体は聞いていた。

「おまえら三銃士にも、引き抜きの話が来るぞ。一億円が入ったアタッシュケースを持って、スカウトに来るはずだから。どうするかはおまえらが決めろ」

武藤選手とは、この件について話し合ったことはないが、橋本選手や俺に降りてくる前に、先に話が行っていたはずだ。しかし、坂口さんに引き留められて移籍することはなかった。

　橋本選手と俺は顔を合わせるたびに、話題にした。

「蝶ちゃん、アタッシュケース、いつ来るのかな？」

「来るなら早く来てほしいよなぁ」

　もしも当時、一億円のアタッシュケースを渡されていたら、俺は移籍していただろう。

　猪木さん、藤波さん、長州さんら現役バリバリの諸先輩方はもちろん、同期を見ても武藤選手は頭一つも二つも抜けていたし、橋本選手にも大きな可能性がある。

　俺は一体、この人たちを何人抜かなければならないのか。そして、何年掛かるのか。だったら新天地でトップを目指すほうがいい。一億あれば、両親に恩返しもできるし、マルティーナとの生活もうんと楽になる。帰国したばかりで、中堅に食い込もうかどうかという立場だった俺には、移籍しない理由がなかった。

　そして……令和の時代になっても、いまだにアタッシュケースは俺の元に届いていない。これも運命だろう。当時受け取るようなことがあったなら、俺の人生は全く違うものになっていただろうが、届かなかったから今の俺がある。

やられてもやられても立ち上がる

一九九〇年四月二七日。三月に帰国した武藤選手とタッグを組み、ＩＷＧＰタッグ王座戦に挑むことになった。

王者のマサ斎藤選手と橋本選手は攻めと攻めで、〝攻め攻め〟コンビ。武藤選手は攻めも出来るが、受けを重視するタイプ。俺は完全な受けタイプだから、〝受け受け〟コンビ。対照的な戦いになったわけだ。

プロレスには攻守があるわけだが、この時代はどんどん「攻」に軸を置く選手が増え、「守」の醍醐味をみせる選手が少なくなっていた。

アメリカのマットは特に露骨で、ステロイド製のパワーファイターたちが短時間で一方的に相手を痛めつけるという試合展開が主流になっていた。ロード・ウォーリアーズなんかは代表的だろう。レスリング技術の応酬ではなく、パワーとスピードであっという間に勝負をつけるスタイルだ。

ハイスパートレスリングと言われた長州さんも、完全に攻め攻めのタイプ。かつては坂口さんのタッグパートナーを務め、受けて受けての選手だったが、スタイルチェンジして、トップレスラーに登りつめた。

長州さんにしても、守をとっぱらって攻に特化したＵＷＦにしても、猪木さんのスタイルに対して反対へ走った結果なのだと思う。

受けて受けて、お客さんの声援に押されて反撃に転じる。猪木さんはそうしてファンの心を摑んできた。猪木さんを父親とするなら、息子世代である長州さんやＵＷＦ系の選手たちは「偉大な親父と同じスタイルでやっても敵わない。俺は俺のやり方で」という気持ちがあったのかもしれない。

孫世代に当たる三銃士はどうするか。橋本選手は攻めたいタイプだから、息子世代と同じ方針だろう。しかし武藤選手と俺は、〝受けてこそプロレス〟という温故知新のスタイルを意識していた。いや、武藤選手の胸の内は本人にしかわからないが、少なくとも俺はそう思っていた。

正直に言えば、俺は攻めに重きを置いたスタイルには、なりたくてもなれなかったというのもある。

背は低くはないが、体の厚みはないし、パワーもない。スピードもない。センス溢れるテクニックもない。つまり、攻めにおいて他者より秀でたものがない。武器を持たない俺が、無理に攻めのプロレスをやったところで、二流三流止まり。

じゃあどうするか。時代に逆行してやろうじゃないかと。みんなが北へ進むなら、俺は南へ行ってみようと思ったのだ。受けて受けて受けまくる。そこでの頑張りで訴えたかった。ワンウェイではなく、力と思いをぶつけあうプロレスだ。

1991年頃の雄姿。白タイツをトレードマークに受けを重視したスタイルで活躍。

お客さんが感情移入できるのは、どんなレスラーなんだろう？　俺なりの答えは、何度も何度もマットに叩きつけられても、立ち上がっていく姿だ。ヒーローはやられてもやられても立ち上がる。勝ち目が薄いと思われても、諦めずに立ち向かっていく姿こそが見る者の胸を打つんじゃないか、と。

人は痛みに耐えながら、人生を歩む。病気に苦しむ人は肉体的な痛みを抱えているし、ストレスを抱えた人は精神的な痛みに苛まれている。それでも生きていかなければならない。

会場に足を運んでくれるお客さんたちはみんな、それぞれ何かしらの痛みを抱えている。そんな人たちに向けて、何ができるだろう。

プロレスは痛みが可視化された世界だ。だから痛みに耐える姿も可視化できる。それこそがレスラーの仕事であり、使命ではないか。

これは今、俺が思うこと。この当時は必死だったし、うまく言葉には出来なかったけど、胸の奥底でこんな思いを抱いていた。

G1優勝時の心境

一九九一年八月。『G1クライマックス』という新しいシリーズが開催された。二〇一九年現在も続く〝真夏の祭典〟だ。

記念すべき第一回大会に参加出来たのはいいのだが、出場メンバーには笑うしかなかった。

Aブロック
藤波辰爾
武藤敬司
スコット・ノートン
ビッグバン・ベイダー

Bブロック
長州力
クラッシャー・バンバン・ビガロ
橋本真也
蝶野正洋

そうそうたる顔ぶれだ。武藤選手や橋本選手にとっても厳しい状況に違いないが、ましてや俺なんか一勝できるかどうか。
俺はこの頃、「蝶野は受けが巧い」という評価はしてもらっていたから、俺らしく戦おうと決めた。

　より大きく派手に受けよう。そしてその上で、これまでよりも前に出る気持ちを強く持とうと考えていた。しっかり受けて、その後、お客さんが喜ぶような猛反撃に転じよう、と。

　Aブロックを勝ち上がったのは武藤選手。Bブロックは橋本選手と俺が同点で優勝戦進出を賭けて決定戦をやり、俺が勝ち上がった。気が付けば上位を闘魂三銃士が独占していたのだ。

『藤波・長州時代から、闘魂三銃士時代への転換期！』だとか、『UWF勢に押され気味だった新日が、とうとう闇を抜けて新時代の幕開け！』だとか、マスコミは好意的に書いて煽ってくれたけど、俺の心中は穏やかではなかった。
　四、五年前はヤングライオン杯に出ていた選手たちがメインを張る。闘魂三銃士が両国大会を締めちゃって大丈夫なのか？　スター選手たちが早い段階で脱落していってしまって、ファンが怒り狂って暴動でも起きやしないか？　俺たちが主役でいいのか？　お客さんたちは納得してくれるのか？　これは興行としてアリなのか？　責任感というより、不安でいっぱいだった。
　迎えた武藤選手との決勝戦。思いのほか声援が大きくて驚いた。お客さんの温かさが有難かった……と言いたいところなのだが、実際はそうではなかった。

　声援と歓声は俺をより追い込んでいった。試合後の大きい拍手は嬉しいのだが、試合前の声援と拍手は怖いのだ。このファンの期待に応えられなかったらどうしよう。試合後に、声援がブーイングやため息に変わっていたら……そんな風に思ってしまうのだ。

若手の頃はよかった。パラパラっとした拍手の中でマットに上がり、試合後に拍手が大きくなっていると、嬉しくてたまらなかった。

しかし、G1決勝戦は違った。俺たちの世代に期待を寄せてくれているのが、ひしひしと伝わってきた。「ありがとうございます」と手を合わせながらフェードアウトしていきたい気分だった。でも、やるしかない。藤波さんや長州さんのようにはいかないだろうが、俺たちの世代ができる精一杯を、武藤選手と一緒に創り上げていこうと思った。

決勝戦のゴングが鳴った。武藤選手は個性を存分に生かして、空中戦をガンガン仕掛けてきた。俺はそれを受け止め、バックドロップやパイルドライバーで反撃を試みた。

ジャーマン・スープレックス、卍固めなど、往年のストロングスタイルの技もお互いに繰り出した。受けて攻めて、受けて攻めて。一進一退でしのぎを削り合った。そして最後は、俺がパワーボムで武藤選手から3カウントを奪った。

勝ち負けはどうでもよかった。むしろ「優勝しちまった、どうしよう」という気持ちだった。最低限の役目を果たせたかな……という安堵感はあったが、それも一瞬。てっぺんに立つことのプレッシャーが喜びをすぐに打ち消した。

この第一回目のG1に限らず、俺は優勝して嬉しいと思ったことは、レスラー人生の中で一度もない。「やったぞ！」と、心の中で喜びを爆発させるようなことは一度だってないのだ。プロレスは興行。お客さんが喜んでくれたかどうか？　それだけをいつも考えて不安を抱え続けてきた。

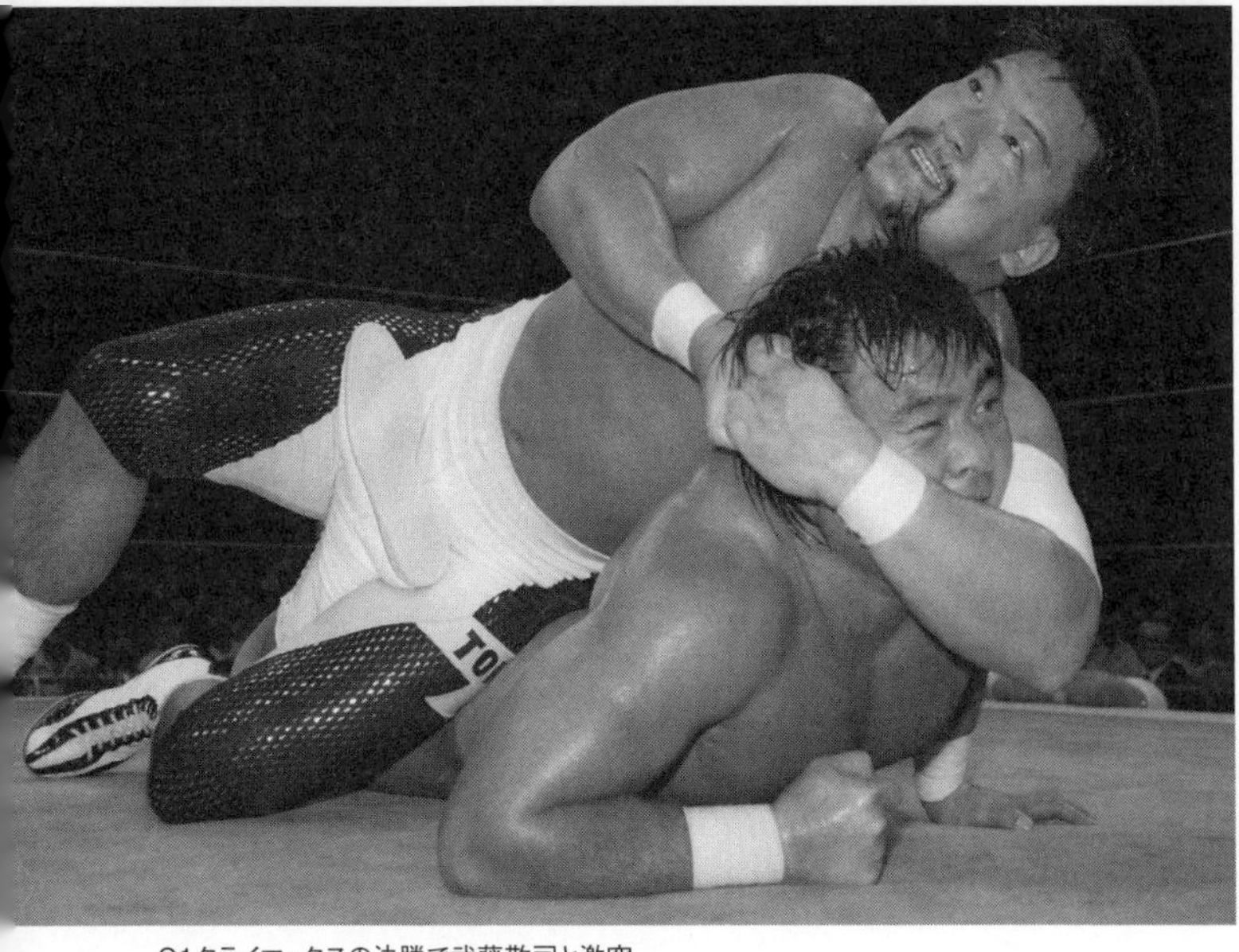

G1クライマックスの決勝で武藤敬司と激突。

試合終了後、橋本もリングに上がり、
3人でファンの声援に応えた。

例えば「今日は最高の試合が出来た！」と自負出来たとする。でもお客さんから評価されなかったら、それは失敗だ。

自分自身が「今日はダメだった」と落ち込み、仲間たちからも「ひどかったな、おまえ」と言われるような試合だったとしても、お客さんが沸いたら、それは成功だ。

結局、レスラーの自己評価は必要ないし、勝ち負けも二の次。お客さんが喜んだかどうか。物差しはこのひとつしかない。

連勝しようが、ベルトを巻こうが、お客さんが認めてくれなかったら失敗。

連敗しようが、ベルトに届かなかろうが、お客さんを楽しませたら成功。レスラーとしての価値はそこでしか測れない。俺はこの当時からそう考えていたし、今でも変わらない。

武藤選手と橋本選手は、俺と考え方が違うかもしれない。二人はベルトを巻くことを重要視しているように思えた。

ベルトを巻くことで、発言力を得ることができる。トップという立場を得ることで、自分が思い描く理想のプロレスを実現することができる。そんな風に考えていたのではないか。

もちろん二人もお客さんのことをすごく大切にするから、お客さんがより喜ぶプロレスを実現させたいと思っている。だからこそ発言力が欲しい、ベルトが欲しいのだろう。

俺とは逆のベクトルだが、目指す場所は同じなんだと思っていた。

覚悟

G1優勝。試合後、マスコミに取り囲まれた。

「優勝おめでとうございます。とうとうやりましたね！」

「ありがとうございます。まぁ嬉しいんですけど、余韻に浸ってる余裕ないんすよ。いろいろ忙しくてですね……あの、実は結婚式を控えてるんで」

「ええ!? ほんとですか!? 詳しく聞かせてくださいよ！」

三カ月前の五月にマルティーナと入籍し、年内に挙式することになっていた。翌日のスポーツ紙の見出しは『蝶野 G1優勝！ 結婚！』となっていた。

一九九一年は、とにかく怪我なく、無事に挙式をあげたい。それだけを考えていた一年だった。だからG1で大怪我することがなかった、という時点でもう満足していたのだ。優勝は大いなるおまけだった。

一二月一日、新宿京王プラザホテル。藤波さんに仲人をしてもらい、無事に挙式をあげることができ、ほっとしたのを今でも覚えている。

マルティーナとの結婚に際して、かっこいいプロポーズが出来れば良かったのだが、そうはいかなかった。

1991年12月1日、マルティーナ夫人
と結婚披露宴を行なった。

「どうするの？　結婚しないなら、私、ドイツに帰る！」

「ええー!?　ちょっと待って！　待ってくれ！」

俺は焦った。マルティーナのことは本気で好きだったが、俺はレスラーとしてまだまだ半人前だったし、一生食わせていく自信も持てていなかった。いずれは結婚したい、嫁さんを貰えるくらいになりたい。でも今はまだまだ。そう思っていたところに先制パンチを食らったのだ。ちょっと待ってくれよ……この気持ちは、男性ならわかってくれると思う。

いや、正直に言えば結婚そのものについて決して前向きではなかったかもしれない。世の中のどんな職種だってそれぞれ大変だし、いつクビになるかわからないリスクを孕《はら》んでいるものだが、プロレスラーという仕事は特に、安定という言葉とはかけ離れていると思う。いや、安定しちゃいけない仕事だとも思うのだ。

必要とされれば、いつでも鞄ひとつで世界中どこでも飛んでいく。それが俺のレスラー像だ。ひとつの場所で安住すると変化できない。どうしても立場を守ろうとして保守的になってしまう。ましてや結婚したり家庭を持ったりして守るものができたら、ますます守りに入る。男としてそれは悪いことではない。大切な人を守ろうとするのは立派だ。

しかし、レスラーとしてはどうなんだろう？　常に変化を、改革を求めなければならないのではないか。刺激に身をさらし、挑戦し続けなければならないのではないか。そう思っていた。だから余計に、自分から結婚を切り出すという発想にならなかった。

一方で、マルティーナは俺にとってかけがえのない存在になっていた。俺がドイツで海外遠征をスタートさせ、孤独に涙していた時、救ってくれたのは彼女の存在だった。

当時のヨーロッパには閉鎖的かつ差別的な雰囲気が色濃く、イエローである俺はそれを肌で感じ取っていた。しかし、彼女はそういう偏見を全く持っていなかった。

むしろ困っている人に手を差し伸べるタイプだった。

東スポの記者が日本からはるばるドイツへ取材に来た際も、マルティーナは身振り手振りで、宿探しなどを手伝ってあげていた。記者と俺、東洋人を二人引き連れて、街中を練り歩いた。

「あの女、イエローを連れて歩いてるぞ」

そんな周囲の薄笑い、好奇の目に晒されても、マルティーナは堂々としていた。

これはのちに人に言われて気づいたことだが、「困っている人がいたら助けてあげなさい」と教えていたお袋と同じ心根の持ち主だったのだ。俺は彼女のそんな心優しいところに惹かれた。

俺がブレーメンを発ち、離れ離れになった時も、彼女ははるばるカンザスまで俺に会いに来てくれた。

彼女はドイツで、周囲からさんざんアメリカ行きを反対されていたらしい。

「彼が待ってるから、行くわ」

「やめたほうがいい。ジャパニーズだか、チャイニーズだか知らないが、東洋人がアメリカであなたを待ってるなんて、嘘だ。騙されている。やめたほうがいい」

マルティーナは、そんな声を振り切って俺に会いに来てくれた。

一緒に帰国して一年半。俺にとってはあっという間だったが、マルティーナには長かったはずだ。唯一頼れる存在の俺は、各地をまわるツアーで不在がち。言葉もわからず、知り合いもおらず、食事も習慣も、何もかもが違う異国の地で、彼女は頑張ってそばにいてくれた。

俺は半人前で、将来に何の保証もなく、不安だらけだけど、もうこれ以上彼女を待たせちゃいけない。一人にしちゃいけない。

「結婚しよう」

気の利いたことは言えなかったけど、腹はくくった。

マルティーナは母子家庭で一人っ子だ。彼女がおばあちゃんになっても、もしも俺よりも先に逝くようなことがあっても、その時までそばにいてあげなくてはならない。

もしも俺がどうにもならない怪我をしてレスラーを引退したとしても、どんな仕事をしてでも食わせていかなくてはならない。

人一人の人生を背負う。そう思うと身震いした。引き締まる思いだった。

大きすぎる代償

二年とか四年に一回のペースかと勝手に思い込んでいたから、第二回のＧ１が翌年の九二年にも開催されると知った時は驚いた。しかもWCWとの提携に伴って、NWA世界ヘビー級王座までかけられるという、大きなプロジェクトになっていた。

通常であれば、海外で実績を積んで、トップ選手たちとのコネクションを築いて、それでも挑戦のチャンスをもらえるかもらえないか、というタイトルだ。

俺たちの世代はもちろん、藤波さん、長州さんの世代にとっても、あまりに眩しいベルト。

ましてや海外の選手たちにとっては、日本にベルトが落ちているようなもの。

本国でリック・フレアーなどのトップレスラーたちの活躍を、歯ぎしりしながら見つめていた中堅選手たちは、日本で獲れるチャンスだと鼻息が荒くなっている。

まさに千載一遇のチャンス。みなが目の色を変えて獲りに来るはずだ。実際、トーナメントが始まると、選手たちは相当気合が入っていた。

前回優勝者の俺はというと、

「万が一連覇してNWAのベルトを巻いたりしたら、あとが大変だよな……」

と思っていた。優勝者にはNWA王者として日米を股にかけた試合スケジュールがびっしり組まれていたのだ。俺はそれに耐えられないと思った。首の怪我があったからだ。

G1直前の七月一一日。札幌での越中詩郎戦でパワーボムを何度も受けた。

「こんなの効かねぇよ！」

効いてしまっていた。続けてドラゴンスープレックスを喰らった際に、古傷の首を完全に負傷してしまったのだ。

首は日に日に重症化していった。痛みがなくなる時間が一瞬もない。すごく痛いか、まぁまぁ痛いかの波があるだけで、とにかく一日中痛い。痛みは夜も俺を解放してくれず、毎日一時間ぐらいしか、まともに眠ることが出来なかった。

「しばらく欠場して、治療に専念したい」

今日こそ会社に言おうと思っては、何度も言葉を飲み込んだ。もしも前年優勝者という肩書がなければ、俺は間違いなく、この第二回のG1は欠場していたはずだ。でも、出来なかった。責任感が俺をリングへ向かわせた。

俺は痛み止めの注射を打って、どうにかリングへ上がった。一回戦の相手はトニー・ホーム。首が痛くて仕方がない状態で、元ボクサーと戦うなんて最悪だ。パンチをまともにもらったりしたら、たまったもんじゃない。

と思ったら、試合開始早々にパンチをもらってしまった。ガードの上からでも威力がある。首はもちろん、手がジンジン痺れ、俺はしばらく起き上がることが出来なかった。

その後も地獄のような時間が続いた。受け身のたびに、首発信の電気が全身を貫いた。俺は試合の前半、ほとんどの時間をリングに倒れていた。後半に差し掛かってようやく反撃を試みるのだが、ケンカキックを見舞った後も、攻撃の衝撃だけで全身に電気が走り、首を押さえてうずくまる始末だった。最後はSTFから腕ひしぎ逆十字で何とか勝ちを拾ったが、もうギリギリの状態だった。

以後の試合も俺は痛み止めの注射を打ちながら必死に戦い続け、気が付けば決勝戦の舞台に登っていた。

対戦相手のリック・ルードは、派手な言動で注目を集めるパフォーマンス能力が高い選手だ。海外の選手は流れを作ることに長けている。パフォーマンス能力、エンタメ能力が高い。バンバン攻めて疲れたら場外にエスケープして休み、ピンチになれば観客を煽って、自分のターンへ持っていく。

観客を摑む力。これはプロレスで最も重要なものだ。やられているレスラーに観客が声援を送っている場合、攻めているほうも躊躇するのだ。会場の空気を読んでしまう。トップレスラーたちは観客の同情を買うのがうまい。圧倒的な声援を背に、相手を怖気づかせる。

「聞こえてるよな、この声援。観客の望んでいる流れ、わかるよな？　空気読めよ。さぁ俺のターンだ」

こういう無言の圧力というのは、技よりも強い。だから飲まれてはいけない。相手のペースにハマっちゃいけない。ＮＷＡのベルトがかかっているとはいえ、これはＧ１の決勝であり、ここは日本だ。新日のマットだ。俺が試合をリードしなければいけない。痛み止めの注射を三本打ち、悲壮な覚悟で試合に臨んだ。

俺は、流れを自分のほうへ持っていこうと先制攻撃に出た。いきなりラリアットとケンカキッ

G1クライマックスを連覇し、NWAベルトを奪取した。

クを仕掛けたのだが、ルードは倒れ込むとなかなか立ち上がらず、巧みに流れを寸断してきた。

その後はエルボーやチョップで首を執拗に狙われたが、俺も意地で反撃に転じた。最後はコーナーからのダイビングショルダーで3カウントを奪うことが出来た。

栄光のG1連覇&NWA王座獲得。しかし、俺は喜びに浸る余裕がなかった。首が悲鳴を上げていた。大会終了後、顔をしかめながらどうにか車のハンドルを握り、なんとか家路に就いたのだが、駐車場に停めたところでとうとう動けなくなった。

後で知ったが、軟骨が飛び出し、その刃先が神経を突き刺していたのだ。マルティーナが待つ部屋まで目と鼻の先。でも動くことができなかった。

「う……う……ううう」

ハンドルにもたれかかったまま、呻いた。あまりの痛みで涙が溢れる。俺は車の中で三〇分ほど泣き続けた。

人はみな何かを成すために、何らかの代償を払う。プロレスラーのそれは、わかりやすい。痛みだ。

首に抱えた爆弾は、その後の俺のプロレスラー人生をずっと苦しめ続けることになる。

第四章

バスを降りる

Chapter4 I get off a bus
1993–1998

不安と焦燥

リングに立てるのは、四〇歳までくらいだろう――。

巡業先でバスに揺られながら、漠然とそう考えていた。世間一般の仕事では、四〇歳と言えばいよいよ働き盛り。しかし多くのアスリートと同じく、肉体を酷使するレスラーという仕事のリミットは早い。

もしも四十路を越えてもなお、肉体的に可能であったとしても続けたくはない。「衰えたな」とプロレスファンに同情される前に去りたい。そう思っていた。

猪木さんも四〇代で体を壊し、実戦から遠ざかっていった。あのアントニオ猪木が、だ。首の負傷を抱えながら、なんとかリングに上がっている状態の俺が、五〇歳までやれるわけがない。

その日、俺は九州巡業で熊本にいた。去年と同じバスに乗り、同じホテルに泊まり、同じ店で飯を食い、同じ会場で戦う。地方巡業というのはそういうものだ。去年あった建物が駐車場に変わっている、といった微妙な変化はあるものの、ほとんどの環境は変わりはしない。

また今年も来ることが出来た、という喜びはある。地方のファンの存在は本当にありがたいし、馴染みの店に久しぶりに顔を出して「お久しぶりです」「元気そうで何より」。そんなやりとりは楽しい。

入門から五年ほどは、毎年そんな〝再会の旅〟を楽しみにしていた。しかし五年を過ぎ、一〇年目が近づいてくると、

「これ、デジャブじゃねぇか」

と、ドキッとするようになった。

「去年と同じこと繰り返しているじゃねぇか」

という疑問も出てきた。新弟子の頃と何も変わらない。二一歳の頃に熊本に来た。三〇歳でまた来ている。四〇歳の俺もまた来るのだろうか。これまでの一〇年間と同じように、これからの一〇年間もまた同じことを繰り返すのだろうか……。俺はバスに揺られながら、なんとも言えない漠然とした不安に襲われた。

何か変化が欲しい。変化が人を成長させるとするならば、今の俺は何も成長していないと思った。周囲のレスラーやスタッフの生き方、やり方を否定するわけではない。同じ場所で同じライフスタイルを長く続けることが出来るのは立派なことだ。しかし、飽き性で心配しがちな俺には、それはどうにも不安で仕方がなかった。じっとしていられないのだ。

何かをしても何もしなくても確実に時は過ぎていき、齢を重ねていく。すなわち日々死に近づいていくわけだ。マンネリだ。刺激を与えないと枯れてしまう。

四〇歳というのも勝手に描いた設定であって、そこまでやれる保証だってどこにもない。若くして去っていくレスラーの背中をいくつも見送ってきた。致命的な怪我でいつ終わってもおかし

くはない職業だ。俺は爆弾を抱えた首を思わずさすった。

「このままでいいのか……」

毎日真面目にやっていけば、このまましばらく食っていけるだろう。ありがたいことにそういうポジションに位置することは出来るようになった。会社の用意したバスで移動し、宿泊先を確保してもらい、後援会やスポンサーの方々がもてなしてくださる。こんなに恵まれた環境でプロレスが出来るのは日本だけ。海外では考えられない厚遇だ。ＷＣＷのトップレスラーですら、移動も宿泊も自己責任だ。付き人制度などもないから、すべて自分で手配する。マネージャーを付けたいなら、自分で雇わなければならない。

恵まれすぎている日本のリングで、自分に与えられた役割を果たしていく。大切なことだが、でもそれだけでいいのか。甘えてないか。すべて用意してもらった環境の中で一〇年やり続け、四〇歳で外の世界へ投げ出された時に、俺は圧倒的に長いその後の人生をちゃんと歩いていけるのか。

俺はバスの車内を見渡した。イヤホンで音楽を聴いているレスラー、熟睡しているレスラー、車窓をぼんやり見つめているレスラー。そんな仕事仲間たちの横顔を盗み見た。今夜も明日も、こいつらと投げ合い、極め合い、蹴り合わなければならない。それがレスラーという仕事だ。

思えば俺は入門当初から、私生活とリング上での感情の切り替えが下手だった。「あいつ、腰が相当悪いらしい」とか「実は先週、おばあちゃんが亡くなった」なんて話を耳にすると、どうしてもその選手に気を使ってしまうのだ。リングに上がって向かい合っても、「ああ、やっぱり元気がないな」と思ってしまって、技をかける手に力が入らなくなってしまったこともあった。

その一方で橋本選手なんかが、「蝶ちゃん、首大丈夫？　手が痺れるなんてヤバいよ。休みなよ」と気遣ってくれて、リング上でも首は攻めてこなかったりしたこともあった。

俺はそういうのが嫌だった。だからバスを降りなくちゃいけないと思った。斜め後ろの席で熟睡しているレスラーの怪我の事情も、斜め前の席で車窓を眺めているレスラーの家庭の事情も知りたくない。同じバスに乗っていてはダメなのだ。

みんなと離れたい。本隊から抜けたい――。日に日にその思いが強くなっていった。

心の叫び

不安を日々募らせていった俺は、次第に不満も溜め込んでいった。一九九四年、俺は選手会長として会社と選手、それぞれの言い分、不平不満の板挟みになっていた。中間管理職の悲しさだ。会社側は選手に対する鬱憤を俺にぶつけてくる。選手側は会社に対する不平不満を俺に訴えてくる。俺はしばらくの間、伝書バトになっていたのだが、徐々に怒りのゲージが溜まっていった。

例えば契約更改。選手はギャラのアップを俺に訴えてきた。

「俺はもう何度も会社に掛け合ってるよ！　おまえ、それだけ切羽詰まってんだったら、自分の契約内容なんだから、会社に直接言えよ！　なんで俺がおまえの契約の代理人みてぇなことをしなきゃいけねぇんだよ！」

俺はとうとう怒りを爆発させるようになった。選手側にいるわけだから、選手たちの不満は手に取るようにわかった。頑張っているレスラーに還元されず、背広組が毎週ゴルフへ行っているのはなぜなんだ⁉　俺も一選手として納得がいかなかった。

しかし自分たちで声を上げ、行動しようとしない選手たちにも腹が立っていた。レスラーは会社に雇用されているんだから、要求ばかりでは虫が良すぎる。

「俺はああして、こうすることで、売り上げに貢献します。その代わり、ギャラを上げてください」

そうやってギブ&テイクの案を会社側に示さなければならない。海外のレスラーたちがそうして堂々と交渉に臨む姿を俺はつぶさに見てきた。そうできない日本人レスラーたちがじれったかった。

もともと俺は黙っていられないタイプだ。九四年三月には、猪木さんに反則のチョークスリーパーをやられて、失神させられたことがあった。意識を取り戻した後、「反則だろ！」と食ってかかった。

プロレスは興行なんだから、お客さんが盛り上がりさえすれば何でもアリの世界だ。だから猪木さんのチョークも、それでお客さんが盛り上がるなら正義であり、正解になる。しかし俺は納得できないことにはどうしても頷けなかったし、上の人に対して牙を剥く時は剥いた。

会社への不満も限界に達していた。九四年当時、社内には様々な派閥があった。猪木さんはロシア、中国、アジア路線拡大に躍起になっていた。九五年には北朝鮮での興行（平和のための平壌国際体育及び文化祝典）で多額の負債を抱えた。

長州さんはUインターとの対抗戦をプロデュースし、北朝鮮興行の負債を払拭するほど精力的に動いていた。

アメリカ路線にしても、マサさんのWCW路線のほかに、大剛さんや服部さんらのルートが存在した。

身内でありながら、みんながライバルで鎬《しのぎ》を削っていた。それぞれが営業を掛けて話を持ってくる。それが新日内で様々な軋轢《あつれき》を生みながらも、繁栄に繋がっていたのは確かだし、選手たちが駒として使われていたのも事実だ。

俺はどの派閥にも属さなかった。誰が正しいか、誰が間違いなのかではなく、社内の権力争いが面倒臭くて仕方なかったのだ。だからといって、会社を飛び出して他団体へ移籍するとか、新団体を作るという発想にはならなかった。藤波さんや長州さんといった実績と会社への貢献が充分にある人たちならまだしも、トップグループに食い込んではいるが、まだまだこれからの俺が移籍だ、旗揚げだなんてぶち上げる資格はないと思っていたのだ。

「いっそ全部ぶっ壊してやろうか」

そんな思いだった。俺は俺の居場所、生き方、考え方を主張しなければならない。何かを変えていかなければならない。そうしなければ大きな渦の中に埋もれてしまうと思った。

俺は一年ほど悩み抜いた挙句、もう居てもたってもいられなくなった。

「相談させていただきたいことがあります。お願いできますか」

猪木さんを会食に誘ったのは初めてだった。

九四年六月。第四回G1の前だった。

「フリーランスで、今までとは違う自分でやってみたいんです」

猪木さんはその場で強い否定はしなかったが、あとあと会社の人間に確かめてみると、「考え直せ。一体何が不満なんだ？　おまえは一軍に定着しているし、これからますます頑張ってポジションを上げていけ」という意味の答えが返ってきた。

ダメだ。埒《らち》が明かない。俺は上層部への訴えを諦めた。もうこうなったら、仕掛けるしかない。衆人環視のリング上でパフォーマンスを仕掛け、既成事実を作ってしまうしかない。俺が独断で宣誓し、ファンとマスコミに目撃者になってもらうのだ。

具体的にどうすればいいのかはわからなかった。だからといって何もしないわけにはいかない。パフォーマンスだけでもいい。俺は思うところがあるんだ、ということを周囲に知ってもらう必要があった。

現場スタッフに相談し始めた。

1994年8月、G1でパワー・ウォリアーを破り、三度目の
優勝。試合後、反体制をアピールした。

「蝶野さん、それはまずくないですか？　だって上に話を通しておかないと」

「上に言ったって、もうダメなんだ。抜き打ちで強行突破するしかないんだよ」

俺の動きに関する内々の話は、現場監督の長州さんの耳にも入っていなかった。スタッフたちが秘密を守ってくれた。

九四年八月七日。俺はG1で三度目の優勝を果たした。この真夏の祭典が終わった瞬間から、会社は東京ドーム大会に向かって突き進んでいく。俺の優勝はすぐに消費されていくのだ。

三度目の優勝はひとつの大きな区切りになる。もうこのタイミングしかない。注目度が高い大会でかまし、爪痕を残す。そう決めていた。優勝戦終了後のリング上で俺はマイクを握った。

「体制に守られたレスラーはレスラーじゃない！」

そう叫んで客席に向かって中指を突き立て、賞金ボードを投げ捨ててリングを去った。

白い蝶から黒い蝶へ

怒りのパフォーマンスをやり終えた後、ふと我に返った。

(で、俺はこれからどうすればいいんだ？)

スポーツ新聞も専門誌も〝武闘派宣言〟だの〝衝撃のヒールターン〟だの取り上げてはくれたが、じゃあ「今後どうするんですか？」と問われたら、明確なプランを示すことは出来なかった。

完全な見切り発車だったのだ。

第一俺は、ヒールを目指したわけじゃなかった。積もり積もった不安と不満をぶちまけたかっただけだ。だからマスコミの取材に対しても、

「ヒール？　俺はヒールじゃないよ。俺は俺だ！」

と否定していた。武者修行中のアメリカで、ベビーとヒールの本格的な色分けを見てきているから、俺のスタンスは全然ヒールなどではないと思っていた。

続く九月一七日。後楽園ホールで行なわれた『G１クライマックススペシャル』の開幕戦。この日、俺の試合は組まれておらず、G１優勝者によるトークショーという企画があった。俺は私服姿でリングに上がり、

「俺はしゃべりで客を喜ばせるレスラーじゃない！」

と吠えて、マイクを投げ捨てた。

そのマイクパフォーマンスから二日後の九月一九日、石川県産業展示館で馳浩選手と対戦することになった俺は、この試合を境に『FANTASTIC CITY』から『CRASH～戦慄～』へと入場テーマ曲を変えた。

衣装も変えた。これまでの白のコスチュームから黒のロングガウンを纏《まと》った。

ドイツから花嫁道具に古いミシンを持ち込むほどファッションが大好きな、マルティーナの手縫いだ。

俺は自分の不良時代を彷彿とさせる学ランをイメージし、マルティーナは『スター・ウォーズ』のダース・ベイダー、そして軍人をイメージして、ロングガウンを新調してくれた。

黒はもともと好きな色であり、新日の象徴的な色でもあった。猪木さん、藤波さん、長州さんたちがショートタイツに使っていた色だ。武藤選手が赤、馳選手が黄色、俺が白とカラフルになってきていたものを、もう一度元に戻すという意味合いも込めた。

三度目のG1優勝後に吠えて以降、具体的にどう行動していけばわからなかった俺を、マルティーナが仕立ててくれた衣装が、そしてマスコミがうまく引っ張ってくれて、色付けしてくれた気がする。

白い蝶が黒い蝶へ。つまり黒への変身は、俺自身が塗ったのではなく、周囲が俺をうまく染めていってくれたのだ。そしてこの馳選手との試合で、俺は結果的に完全なヒールへ転身することになった。

金沢が地元の馳選手は序盤から飛ばしてきた。普段やらないような場外戦を仕掛けてきたのだ。本部席の机の奪い合いになり、その際に馳選手の頭頂部がぱっくり割れてしまった。

大流血戦になったことで、俺は完全なヒールとして報じられた。〝名勝負製造機〟の異名を取った馳選手が演出に一役も二役も買ってくれた形で、図らずもファンやマスコミの俺に対するイメージが固まったのだ。

俺は馳戦以降、本隊を離れ一匹狼になった。移動も外国人レスラーたちと回るようになった。

1994年9月、コスチュームを白から黒にチェンジ。

文字通りバスを乗り換えたのだ。日本人バスは固定メンバーだが、外国人バスはメンツが入れ替わる。新鮮だった。

徒党を組む気はさらさらなかった。誰かとつるむなら、何のために本隊のバスを降りたのかわからない。

一匹狼になることで、俺は二四歳の頃の気持ちを取り戻した。武者修行で欧米を渡り歩いた時の孤独と怒りと自由。一人になったからこそ、初心を取り戻すことが出来た。

しかし、その時間は束の間だった。一人のままではシングルマッチしか戦えない。タッグマッチを戦うため、会社から命を受けて平田さん（平田淳嗣＝スーパー・ストロング・マシン）と組むことになった。

「はい、わかりました」と大人しく会社の言いなりになってはいけない。俺はマシンと仲間割れすることで、反骨精神をアピールし続けた。タッグパートナーである俺から無下に扱われ、それでも健気に戦い続けるマシンに観客の声援が飛んだ。マシンに陽が当たれば当たるほど、俺の黒い影は濃くなり、ヒールとして醸成されていった。

翌一九九五年。まだまだ一人でいたかったが、さすがにそれを押し通すことは出来なくなった。反体制のスピリットはそのままに、当時どのユニットにも属していなかったヒロさん（ヒロ斎藤）、若手の天山選手（天山広吉）と組むようになった。

天山選手とはほとんど接点がなかった。彼がドイツへ武者修行に来た際、マルティーナと一緒に御馳走してあげたことがあるくらいだった。

天山選手は海外武者修行で体をひとまわり大きくして、逞しくなって帰国し、これからどう自分を売り出していくかという船出のタイミングだった。しかし、彼は性格が優しく、真面目すぎた。おとなしい性格だから、先輩に強く言われるとしゅんとなってしまう。プロレス界は強烈な縦社会だ。そんな性格では、先輩たちの言いなりになって、完全に潰されてしまうのは目に見えていた。

才能がありながら気の弱さが災いして先輩たちに潰されてしまった選手を何人も見てきた。

飯塚選手（現：飯塚高史）なんかは典型だろう。俺と同じようにドイツで修行し、一回り成長して凱旋した。そして会社からのプッシュも受けたのだが、先輩たちのダメ出しにずいぶん凹《へこ》んでしまい、当時、チャンスをものに出来なかった。天山選手もそうだが、真面目な選手ほど真に受けてしまって落ち込んでしまうのだ。

打たれ弱い、と言ってしまえばそれまでだが、それで沈ませてしまうには惜しい才能であり、人材を失うことは新日が自分で自分の首を絞めることになる。天山選手にはそうなってほしくないと強く思った。

「天山は人がいいから潰れちゃいますよ。俺に預からせてもらえませんか？」

俺は会社側と長州さんに訴えた。チームに欲しいというよりも、天山選手という若者の未来を思っての訴えだったからこそ、ＯＫが出たんだと思う。長州さんもまた天山選手の性格を気にかけていたし、かつて自分の手元にいた飯塚選手の例もあったから、俺と思惑が一致したのだろう。

天山広吉、ヒロ斎藤らと「狼軍団」を
結成し、新日マットを席捲。

九五年二月一二日。昼間の平成維震軍興行で、天山選手は合流すると目されていた平成維震軍と決裂し、俺とヒロさんと合体した。

早速、その夜の新日本の興行で蝶野・天山・ヒロのトリオで試合を行ない、天山選手が長州さんをフォールした。

俺たちは三人は『狼群団』と名付けられた。自分たちで名乗ったわけではない。記者なのか、会社なのか。もしも会社が名付けたんだとしたら、新日はよほど狼が好きなんだろう。上田馬之助さんのニックネームは「まだら狼」「金狼」だったし、武藤選手は「スペース・ローンウルフ」だった。まあ、狼は「はぐれ狼」とか「一匹狼」という言葉があるから、アウトローの雰囲気をイメージしてつけられたのだろう。

俺は軍団のリーダーという立場になったのだが、頭としての苦労はなかった。ヒロさんは先輩風を吹かせることなく良好な関係でいてくれたし、俺たちが天山選手のことを後輩扱いすることもなかった。三人ともフラットな関係を築けていたから、チームワークはかなり良かったと思う。

「チームでの仕事量？　天山7、ヒロさん2、俺が1だよ」

そんなことを言って記者たちを笑わせていたものだ。

馬鹿息子の誓い

九五年七月一三日。俺は札幌にいた。この日の夜、札幌中島体育センターで天山選手と共にIWGPタッグ王座の防衛戦に臨む予定だった。

昼食後、息抜きにパチンコをしていたら緊急連絡が入った。親父が危篤だという。

試合は出場不可能となり、王座は返上。飛行機に飛び乗り、池袋の病院に駆け付けた。ベッドに寝かされていた親父はすでに意識がなかった。

「俺、帰ってきたぞ！　がんばれ!!　がんばれ！！！」

声に反応して心拍数が上がった。でも親父はこう思っていたに違いない。

（マサヒロ。耳元で大声出すな。静かに寝かせてくれ）

その夜に親父は逝った。膵臓がんだった。

体の調子が悪くなっていたのは知っていたから、札幌のシリーズが終わったら見舞いに行こうと思っていた矢先だった。

仕事で海外を飛び回っていた兄も、イスラエルでの商談を終えて通夜に駆け付けた。と、ここで信じられないことが起こった。兄が倒れてしまったのだ。

救急病院に収容された兄は、間もなく意識不明の状態に陥った。ギラン・バレー症候群。自己免疫疾患で、両手足が動かなくなる。最悪の場合は死に至る恐ろしい病気だ。原因ははっきりしないが、医師の推測ではイスラエルでの食事がいけなかった可能性があるという。

兄はしばらく死線を彷徨《さまよ》ったのだが、なんとか一命をとりとめた。もしも親父がこのタイミングで亡くなっていなければ、兄は日本へ帰ってくることはなかった。だとすれば、現地で絶命していたかもしれない。イスラエルの現地では日本のような高度な医療施設はなかったらしい。

親父が死に、兄が死にかけた。俺は衝撃の連続にパニックになりそうだったが、なんとか気持ちを落ち着かせて兄の代わりに喪主を務めた。

享年六六。早かった。ずっと俺は自分のことで精一杯だったから、親父がどれほど身を粉にして働いていたかを知らなかった。

社葬だったから多くの方に参列していただき、いろんな話を聞かせていただいた。親父がどれほど働きづめだったのかを初めて知った。

会社の合併劇に際し、親父はやってもやっても終わらない業務に加え、夜は夜で付き合いで酒を呑み、心身を擦り減らしていったらしい。子会社の社長を任された責任感も寿命を縮めたに違いない。企業戦士として殉職したようなものだった。

そしてこんな話も聞いた。

「お父様は、すごく応援されてましたよ」

「えっ……」

「正洋さんが活躍されてるのを、すごく誇らしげでした」

「……そうだったんですか」

ずっと認めてくれていないと思っていた。正月に家族で食事をしても、

「プロレスラーなんていつどうなるかわからないんだから、何か手堅い副業をやれ」

なんて、しかめっ面で言うだけだった。

葬儀が終わり、火葬場へ行く道すがら、俺は葬儀社の人に頼んで霊柩車に寄り道をしてもらった。

親父の言う通り、プロレスラーなんて実に不安定極まりない職業だ。社会的な信用もない。家も親父に保証人になってもらって、やっと買った。棟上げ式に出てくれていたのだが、改めて完成したその家を見てほしかったのだ。

(馬鹿息子が、プロレスラーになって、家買ったぞ)

俺は本当に馬鹿息子だった。喧嘩に明け暮れ、暴走族に入り、サッカーも中途半端に終わり、大学を二浪した挙句にプロレス入り。心配のかけ通しだった。夜中に特攻服姿でこっそり家を出ようとして玄関先で親父に呼び止められ、心臓が止まりそうになった夜もあった。極めつけは中学卒業間際の乱闘事件だ。喧嘩の相手が重傷を負って入院し、新聞沙汰になってしまった。気が動転したお袋が号泣する一方で、親父とこんな会話をした。

「誰が一番最初に向かっていったんだ?」

「俺です」

「それならいい。おまえから仕掛けたんなら、それでいい。後ろから金魚のフンみたいについてって、他人の喧嘩に乗るような男には絶対になるな」

親父。俺は今、プロレスラーとして正念場にいる。本流から離れて、自分の思うように動いているよ。行き先はわからないけど、この道が正しいのか間違っているのかもわからないけど、俺は誰も歩いたことのない道を行ってみるよ。空から見ててくれ。

新世界秩序nWo

狼群団もそろそろ次の展開を考えないと、と思い始めていた九五年七月。東スポに『ホーガンが初めてのヒールターン』という小さな記事が載った。

その二カ月後の九月には『ホーガン 黒い軍団nWo結成』と割と大きな記事が掲載され、東スポの記者がこんなことを言った。

「ホーガンが蝶野さんのこと、パクってますよ」

ハルク・ホーガン。言わずと知れたアメリカンプロレスのスーパー・ベビーフェイスが、黄色いタイツを黒のロングタイツに履き替え、ヒールの親分になったらしい。

最初に記事が出た七月から遡《さかのぼ》ること三カ月前の四月末。俺は猪木さんが主導した北朝鮮・平壌での『平和のための平壌国際体育及び文化祝典』に参加した。その時、WCWのブッカーになりたてのエリック・ビショフが話しかけてきた。

「チョーノ。君がやっている黒い軍団は面白いね。オーナーに毒づくなんて、新しいよ」

ビショフは俺が黒へ変身したこと、狼群団を結成して活動していることを知ってくれていた。

そしてベビーフェイスに対してではなく、会社に対して反抗するヒールなんてアメリカにはいない、と面白がっていた。

「チョーノ。黒いキャラクターをアメリカでもやってくれないか。きっと話題になると思うんだ」

ビショフの誘いは有難かったが、俺は狼群団を始めて三カ月も経っていなかったから、「俺だけ行くのは無理だ」と断った。それから二カ月ちょっとして、ホーガンがアメリカで黒い軍団を作ったのだった。

ｎＷｏは反体制そのものだった。団体の首脳陣やライバル団体のＷＷＥに対し、自分たちの権利を強く主張し、怒りや憤りをぶつけていた。

「ホーガンがやってることって、狼群団そのまんまじゃないですか。どうするんですか？」

記者の言うことは最もだと思ったが、別に腹は立たなかった。むしろホーガンという大スターがパクってくれたなんて、光栄にすら思った。

「どうするって、別に怒っても仕方ないしね。現地に見に行ってみようかな」

俺の一言は『本家蝶野　黒の軍団を視察』なんてネタ先行の飛ばし記事になった。

「蝶野、視察ってなんだ？　おまえアメリカに行くのか？」

外国人レスラーが好きじゃない長州さんは、俺の渡米に難色を示した。Uインターとの対抗戦をプロデュースしてノリに乗っていたから、余計なことをするなという感じだったのだろう。

猪木さんもアメリカンスタイルは好きじゃなかった。当時の新日のツートップがいい顔をしないことはわかっていた。だからこそ東スポと結託して記事を飛ばし、マスコミに焚きつけてもらっておいたのだ。

そして俺はマサ斎藤さんに協力を仰いだ。

「マサさん、記事だけ飛ばしてるんですけど。一緒に視察に行ってもらえませんか？」

「おう、行くだけ行ってみるか」

猪木さんと長州さんに物を言えて、アメリカに顔が利く。この件に関して、もうこの人以外に考えられない人選だった。

九五年の暮れが押し迫る中で渡米した。アポなしで飛んだのだが、マサさんの現地における信頼は絶大だった。

契約社会のアメリカは、プロレス界も様々な契約書と弁護士によってがんじがらめにされている。アポなし訪問など門前払いの可能性が大きい。しかし、七〇～八〇年代のアメリカマットでトップヒールとして確固たる地位を築いたマサさんは、ビショフに満面の笑みで迎え入れられた。

少年時代の彼に恐怖と迫力を見せつけたレジェンド・レスラーだったのだ。

ホーガン、スコット・ホール、ケビン・ナッシュはそれぞれ有名な弁護士を帯同させ、控室も特別なものだったが、マサさんは顔パスだった。

「オー！　マサ！」

ホーガンはマサさんと抱擁を交わした。若き日のホーガンはマサさんからプロレスの厳しさを教わった一人だったのだ。

マサさんに通訳を頼んでいろいろ話をしたのだが、ホーガンもホールもナッシュも、狼群団についても詳しかった。

「チョーノたちの活動にヒントを得て、ストーリーを膨らませたんだ」

とホールは言った。

ｎＷｏは中指と薬指を親指の腹につけ、人差し指と小指を立てる〝ウルフパック〟という決めポーズがある。日本でいえば、キツネの影絵をやる時の形だ。ホールによれば、ＷＣＷがイタリア遠征でマフィアと会食した際、彼らが指の合図で意思疎通していたのがかっこよかったから取り入れたという。もしかしたら狼群団の〝狼〟からもヒントを得ていたのかもしれない。

俺はマサさんの通訳を介し、ホーガンに言った。

「日本でもｎＷｏをやりたいんだけど、どうかな？」

ダメ元だった。ホーガン、ナッシュ、ホールという超一流レスラーたちの集まりだし、権利関係もがんじがらめのはずだ。するとホーガンはあっさり言った。

「一緒にやろうぜ！」

この瞬間、俺のnWo加入が決まった。

それもこれもマサさんのおかげだ。アメリカプロレス界のトップたちのマサさんに対する絶大な信頼がなければ、こんな展開はなかった。二〇一八年に天に召されたマサさんに、今も感謝の念でいっぱいだ。

導火線

一九九七年一月。帰国して、年明けの契約更新に臨んだ。

「今年はアメリカをメインにしてやりたいんです。途中途中で帰ってきて、日本でもやります。だから今年は契約しないで、フリーでやらせてください」

俺はホーガンたちがやっているアメリカのトップアングルから学びたいこと、盗みたいことがたくさんあった。そして九二年のG1後にアメリカでやったリック・ルードとのNWA世界王座防衛戦のリベンジを果たしたい気持ちがあった。あの時、首の状態が悪く、スイングしない試合をしてしまった。

「ジャパニーズレスラー・チョーノの試合は面白くない」

アメリカのプロレスファンたちに、そんな風に思われたままなんて嫌だった。

契約を結ばない理由はもうひとつあった。新日本の契約はイコール、テレビ朝日との契約を意味する。俺がＷＣＷの『マンデーナイトロ』にホーガンたちと出た場合、テレビ朝日以外の媒体が放送する際、俺の部分だけカットしなければならなくなる。新日本契約選手のＷＣＷ派遣となると、権利関係がややこしくなるのだ。

ただしフリーなんだから、俺がＷＣＷと契約を結んでしまう可能性だってある。

「そこは信用してほしい。俺はあっちと契約はしない。約束は守る。それにもしも俺がＷＣＷと契約するようなことになったら、逆にテレビ朝日との交渉の材料に使ってくれればいいじゃないか。放映権を高く売ればいい」

俺は会社側に理路整然と説明した。

「というわけで今年一年、あっちに行っていいですか？」

そう言いながらも、俺は心のどこかで引き留めてほしいとも思っていた。おまえは会社に必要な人間だ、外に出すわけにはいかない、おまえをアメリカに盗られたらたまったもんじゃない、と。

「わかった」

新日はＵインターとの抗争シリーズが当たっていた。抗争から漏れ、アウトローとして活動する俺は必要とされていなかったわけだ。

「ありがとうございます。ではそういう形で、よろしくお願いいたします」

俺は頭を下げ、唇を噛んだ。

会社から了解を得ると、マルティーナと共にアメリカへ飛んだ。最低一年間は定着するため、ＷＣＷのオフィスがあるアトランタにアパートを借りた。

渡米に際し、週刊プロレスの新日本担当編集者・佐藤正行君（のちの編集長）に声を掛けた。

佐藤君はアメプロに興味がなかった。佐藤君が、というよりも週プロがアメプロに否定的だった。週刊ゴングのほうが理解があったが、俺は敢えて週プロの編集者を呼んだのだ。

「佐藤君。興味ないだろうけど、一度本場アメリカのビジネスを見に来ないか。日本にないものが絶対にあるから」

佐藤君は観客の熱狂ぶりに度肝を抜かれ、アメプロビジネスのダイナミズムに感動していた。

早速表紙と特集で取り上げてくれたところ、すぐに「ｎＷｏってなんだ？」「蝶野とホーガンが組むって、どういうこと？」と日本のファンが反応してくれた。

八月のＧ１の頃に一時帰国を言い渡されるくらいだろうと予想していたのだが、渡米して二カ月も経たない三月に電話が鳴った。新日の営業部からだった。

「蝶野さんを望む声が大きくなってます。一度帰ってきてもらえませんか？」

「ええ？　戻るの早すぎるんじゃない？　これから腰を据えてって時に」

「一試合でいいから帰ってきてくれませんか？」

週プロを皮切りに、各専門誌や東スポが取り上げ、どんどん話題になってきたらしい。Ｕインターとの抗争が一段落した頃で、日本人VS日本人の構図に慣れたファンの目に目新しく映ったのかもしれない。

「一試合でいいんです。帰ってきてください。それにファンからしてみると、蝶野さんが急な離脱みたいな形に映っちゃってるんですよ」

「んー、まぁそうだね。わかったよ」

一理あった。ファンの心中は気になっていたし、ヒロさんと天山選手を置きっぱなしにしているのも気掛かりだった。俺は一時帰国した。

nWoブーム

九七年二月二日。後楽園ホール。俺はスコット・ノートン、マーカス・バグウェルと組み、武藤敬司&中西学&小島聡組と対戦した。

サングラスをかけ、マルティーナが作ってくれた黒のガウンでリングインすると、驚くような歓声と拍手が起こった。雑誌と新聞でしか知り得なかったｎＷｏを直接確かめてみたいというお客さんの熱気を感じた。

この日は懸案事項だったヒロさん、天山選手の狼群団も吸収合併し、晴れてｎＷｏジャパンが結成された。

（これはもしかしたら風が起こせるかもしれない）

新しい風を起こすには莫大な労力が必要になる。すでにアメリカで〝Masahiro Chono〟として活動していた俺は、日本で〝蝶野正洋〟として軍団を率いていくことになった。つまり、アメリカと日本のふたつのストーリーをこなしていかなければならなくなったのだ。

アメリカで起こっている出来事をそのままｎＷｏジャパンに反映させることは、レスラーの顔ぶれが違うんだからもちろん出来ないし、かといって共通点を持たせなければならない。その作業を日米を行ったり来たりする中でこなしていくのは、俺一人では限界があった。

もう一枚看板が欲しい。例えば俺がアメリカにいる時には、もう一枚の看板がｎＷｏジャパンを回す。逆も然り。両方をこなせる人材が必要になったのだが、それはアメリカの本隊が認める日本人レスラーでなければならない。

ホーガンとビショフが認める日本人レスラーは、レジェンドであるマサさんを除けば俺と武藤選手しかいなかった。

正確に言えば、武藤選手ではなくその化身であるグレート・ムタだ。ムタはＷＣＷ発足時の功労者であり、フレアー体制時のトップレスラーだった。

武藤選手の承諾を得て、ムタがｎＷｏジャパンに合流し、俺は本当に助かった。七月にアメリカで右足首靭帯を怪我して二カ月欠場を余儀なくされた時も、ムタがいてくれたおかげで助かった。

のちにムタが仲間割れを起こして離脱し、武藤敬司として新たにｎＷｏジャパンに加入する流れは、武藤選手というキャラならではの展開で、アメリカでは描けないオリジナルストーリーに

1997年2月2日・後楽園ホール、nWoジャパンを初披露。

グレート・ムタの加入で、さらに勢力が拡大。

なった。

　ムタ及び武藤敬司の加入効果に加え、俺はあらゆる手法でｎＷｏジャパンをデカくしようと試みた。

　テレビ朝日『ワールドプロレスリング』のスタッフたちに、俺がアメリカで学んできたカメラワークや中継の演出方法を伝えた。また新日の営業部員の名刺や、リングサイドカメラマンのゼッケンも黒のｎＷｏデザインに変えた。実況の辻よしなりアナウンサーの白いワイシャツに黒のスプレーでｎＷｏと書き殴った。

　ありとあらゆるものを黒に塗りたくっていき、ついには新日のシリーズそのものを黒く染め上げた。一九九七年一〇月に『ｎＷｏタイフーン』という看板シリーズがスタートしたのだ。

　とうとうシリーズを乗っ取ったｎＷｏジャパンは、人気が爆発した。Ｔシャツは新日本の会場で二〇万枚以上、全国のセレクトショップで二〇万枚以上、計四〇万枚以上売れたらしい。もっとも商標権はアメリカで、販売権は新日。俺には一銭も入ってこなかったが。

　俺は自らが巻き起こした日本でのｎＷｏブームに満足していたが、思い上がるようなことはなかった。ただ、アメリカと日本を股にかけたビッグアングルに自分が組み込まれていることは、プロレスラーとして誇らしいものがあった。

黒の革命

この頃の新日は二本の興行スタイルを持っていた。大きな目玉を用意して花火を打ち上げるドーム興行と、年間を通して地方を転戦していく通常のシリーズ興行だ。同じ新日興行でも、この二つは全くの別物の扱いだった。

この時期、会社は小川直也という大目玉をドーム要員として強く打ち出した。

マスコミもこぞって小川選手をフィーチャーしたわけだが、元五輪銀メダリストの名前はプロレスファン以外にも広く知れ渡っているのだから、それは仕方がない。しかしプロレスは、どれだけお客さんを楽しませることができるかが勝負だ。シリーズ要員であるｎＷｏジャパンは圧倒的に結果を出していたから、新日を動かしているのは俺たちなんだ、という自負があった。だからこそ、どうして俺たちがドームでメインを張れないんだ、という歯痒さもあった。

とはいえ、俺は本隊を乗っ取る気は全くなかった。リング上では新日自体を「黒く染め上げてやる！」と吠えていたが、あくまで野党でいようと思っていた。政権、すなわち新日内での実権を握りたいなら、与党である本隊にいるべきだ。そうではなく、野党として与党に物申す立場でいたかった。本隊を刺激し続けることで、本隊から次世代のカリスマ的なヒーローや、新しい流れが生まれてほしいと願っていたのだ。

nWoは大ブームを巻き起こし、一気にマット界の中心に立った。

思えば、本隊のバスを降りたことからすべては始まった。不安に押しつぶされそうになり、不満を爆発させ、会社に反旗を翻し、一匹で歩き始めた。自分ひとりで抱えていた小さな火種が引火し、周囲に火をつけていったのだ。

俺はかつて〝白い〟職人であろうとした。しかし、プロレスラーという職業は自己プロデュース出来なければ埋もれていく。そう気づいてからは、自分というブランドを扱う〝黒い〟一経営者になろうと思ったのだ。

日本人レスラーは自己プロデュースが下手だ。アメリカのレスラーたちは自分で企画し、自分を売り込む。アイデアが良ければ認められ、ビッグチャンスを摑める。日本人のプレーヤーたちはそれをしない。主張せずに不満を募らせ、愚痴を言い、時にはリングで発散するように壊し合い、いがみ合う。

日本人には日本人の長所や美徳があるが、そういった悪しき流れがある。俺はそれを断ち切りたいと思っていた。

言いたいことがあるなら言えばいい。思いついたらすぐに行動に移せばいい。

例えば長州さんはそういう人だ。俺と同じ思考回路を持っていたからこそ、「おまえに任せるよ」と信頼してくれた。

巡業先で漠然とした不安に襲われてから、バスを降り、言いたいことを言い、思いついたらすぐ行動してきた。最初はささやかな、超個人的な反抗だったはずのものが、想像だにしない大きなうねりを生んだ。

　歴史上の大きな戦いや革命も、始まりはほんの小さな火種がきっかけだったんではないかと思う。

アジアへの野望

　俺の目的はｎＷｏを盛り上げ、ＷＣＷという団体をより大きくすることではなかったし、自分がトップに君臨することでもなかった。俺はｎＷｏジャパンをひとつのツールとして大いに利用し、新日という団体をもっと大きくしたかったのだ。ひいては日本のプロレス界によるアジア制覇を睨んでいた。新日という団体には、それが出来る可能性があると信じていたからだ。

　怪我での離脱などの期間を利用し、マルティーナと共にドイツへ何度か飛んだ。現地ではスポーツ専門チャンネル『ユーロスポーツ』をよく観ていた。テニスやモータースポーツなど様々なスポーツが放送されていたのだが、相撲やプロレスなんかもあり、ＷＷＥ、ＷＣＷ、そして新日も流れていた。聞けば、新日の視聴率が一番高いのだという。新日といっても、メインクラスの試合映像は値が張るため、安価な前座試合が放送されていた。それでもドイツでは最も視聴率をとっていたのだ。

　九八年九月七日。『ワールドプロレスリング』の放送開始記者会見に出席するため、台湾へ行った時のことだ。台湾にプロレス文化は根付いていないだろうから、これから人気が出たらいいなぁと思っていたのだが、空港に降り立って驚いた。

「ムト――――!」

「チョーノ――――!」

空港にファンが押し寄せていたのだ。どうして俺たちのことを知ってるんだ? これから放送開始だろう? 不思議で仕方なかったのだが、事情を聞いて笑ってしまった。海賊版が出回っていたのだ。テレビ朝日が「違法だ」と怒り、正式な契約を結ぶに至ったというわけだった。

俺は海賊版に呆れながらも、空港で熱烈な歓迎をしてくれた台湾の人たちの向こう側に、希望を見ていた。

(プロレスにはまだまだ可能性がある。世界中で愛されるコンテンツになり得る!)

ビショフとこんな会話をしたこともあった。

「チョーノ。テレビ朝日は新日というコンテンツを使って、アジア戦略に打って出てはどうだろう? うまくやればアジアを制覇できると思うよ」

俺は新人の頃からお世話になってきた新日への恩返しがしたいと常々思っていたし、新日だけではなく他団体も含め、プロレスそのものが、もっと世界中でブレイクしてほしいと切に願っていた。

nWoブームの先にアジアマーケット
制覇の夢を抱いていた。

九七年八月八日。気力も体力も充実していた俺は、大阪ドームで藤波さんを下し、第22代IWGPヘビー級王者になった。デビューから一四年での初戴冠だった。レスラーとして、プロデューサーとして、今後も自分の持てる力を全部出し切りたい。俺はアジア制覇という壮大な夢を描き、燃えていた。

しかし、好事魔多し。歴戦の疲労が古傷にダメージを蓄積していた。首に仕掛けられた時限爆弾が秒読みに入っていたのだった。

第五章

壁を越えていく

Chapter5 I go beyond a wall
1988–2003

立ちはだかるもの

一九九八年八月八日。大阪ドームで藤波さんの持つIWGPのベルトに挑戦することになった。本隊から外れ、日米を行ったり来たりしている俺になぜチャンスが回ってくるのか疑問はあったが、正直ベルトは欲しかった。新日本プロレスの看板タイトルを手にすれば、発言により説得力が出る。今後、会社の上層部と同じテーブルに着くことができるからだ。

試合の中盤でスリーパーを解こうとした時、俺の頭頂部が藤波さんの顎をアッパーする形になった。その瞬間、

「うっ！」

首の中でグヂッという音がした。痛みはあったものの以前痛めた時のような衝撃ではなかったため、それほど気にすることもなく戦い抜いた。

六年前にG1を連覇した際はビーンと手が痺れたから、あの時に比べればたいしたことはなかったし、デビュー一四年目にしてIWGP初戴冠という待望の結果が痛みを吹き飛ばしてくれた。

「nWoジャパンを率いるリーダーであり、IWGP王者にもなりました。名実ともに新日のトップに立ったわけですが、お気持ちはいかがですか？」

1998年8月、大阪ドームで藤波辰爾
を下し、IWGPヘビー級王座初戴冠。

後日、記者にそう質問され、俺は野望を口にした。

「アジアに目を向けたいですね。欧米はWCWとWWFのテリトリーだけど、アジアは新日が制覇できると思うし、しなければならないと思うんですよ。そのためにはまずは日本です。さしあたって、テレビでゴールデンを取り戻したいですね」

入門前、俺の学生時代に夜八時のお茶の間を賑わせていたプロレスは、入門後にゴールデンタイムから姿を消した。俺たちの世代でもう一度ゴールデンタイムに戻したい。それぞれやり方や考え方は違えど、武藤選手、橋本選手も同じ志を持っていたはずだ。ゴールデンを取り戻さなければ、先輩たちを超えることができない。いつだってプロレス黄金期への憧れと嫉妬を原動力にしてきた。

自分なりのプロレス観は、nWoジャパンを率いるようになって覚醒した。プロレスを生業にしてきた自分の使命のようなものに気づいたといってもいい。

ホーガンたちは俺にプロレスの持つ無限の可能性を見せてくれた。しかし、アメリカンスタイルをそのまま日本のリングに持ち込んでもダメだ。新日に代々継承されてきたストロングスタイルの基盤はぶらさず、アメリカプロレスのショー的要素をうまく取り込む。強さというしっかりした土台の上に、お客さんを楽しませるエンタメ性を足して色づける。その微妙な匙《さじ》加減次第で新日は、いや日本のプロレスはまだまだもっと伸びる。そう信じて黒い軍団を率いてきた。

漠然と年間の大会スケジュールをこなすだけではなく、ひとつの大きなストーリーを描かなければならない。そうすればもっとスケールの大きなものを世の中に提供できる。日本中を熱狂させ、その熱をアジアへ伝播させていきたい。

そうなってくればおのずと選手たちの地位向上も約束される。アジアを巻き込めば、アメリカのトップレスラーに匹敵する待遇を勝ち取れるはずだ。それは俺じゃなくてもいい。年収一億のレスラーが誕生した時、「その道筋を作ったのは俺だよ」と言えたらかっこいいじゃねぇか。そう思っていた。

かっこよくありたい——壮大な野望の出発点は実にシンプルなものだ。プロレス界を救いたいだなんて、おこがましい。俺はかっこつけたかったのだ。

猪木さん、藤波さん、長州さんたちのかっこいい背中を見てきた。見せつけられてきた。だから俺も後輩たちにかっこいい背中を見せられるようになりたい。どうしてあんな試合が出来るんだ⁉　どうしたらあんなに人気が出るんだ⁉　どうしたらあんなにいい車に乗れるんだ⁉　後輩たちにそんな憧れと嫉妬を抱かせる背中になりたい。

我ながらキザで恥ずかしいが、俺はかっこつけだ。人と同じは嫌だ。違うことをしたい。みんなが自分のポジションと待遇のことしか考えていないなら、俺はその対極に立ってやろうと思った。俺は日本のプロレス界の向上を目指す、そう考えていた。

九八年九月一〇日、大宮市民体育館で、ＷＣＷ世界タッグ王座挑戦者決定リーグ戦がスタート。

俺は天山選手とのタッグで出場した。

試合中、マイケル・ウォールストリートにラリアットをもらって倒れた時、全身を痺れが貫いた。

「やべぇ……！」

左手の握力がなくなり、自分の肌に触るだけで鳥肌のように痺れが走った。明らかにおかしい。今思えばこの時点で欠場すべきだったのだが、そのまま出場を続け、九日後の試合で、俺は自分自身にとどめを刺してしまった。

九月一九日、愛知県体育館。山崎一夫さんの鋭い蹴りをバンバン受け続け、倒れて受け身をとった時、足に電気が走った。

「えっ？」

俺は驚きのあまり、目を見開いた。今までは上半身が痺れていたのだが、この時は初めて足にきた。すぐにパートナーにタッチしてリングから出ると、コーナーでロープにもたれながら足をブラブラと振ってみた。

しばらくして、またリングに出た。受け身をとったら、さっき以上の痺れが足に走った。

「やっぱりおかしい……」

その後どう戦ったのか覚えていない。メインイベンターとして、ｎＷｏジャパンの総帥として、ＩＷＧＰチャンピオンとしての責任感だけで乗り切った。

試合後の控室。シャワーを浴びて帰ろうと、タイツを脱いだ。その瞬間、まるで子供のようにピューッと小便を漏らしてしまった。

「えっ……」

試合中はわからなかったのだが、この時初めて下半身の感覚がほとんどなくなっていることに気づいた。足の裏の感覚がないから、立っているだけでもフラフラとバランスがとれないことに愕然となった。

最初に首を痛めた新弟子の頃は眩暈に悩まされた。六年前のG1連覇の時は痛くて痺れて、夜も眠れないほどの苦痛だった。

今回は違う。排尿をコントロールできない状態。俺は控室の片隅で、静かに忍び寄る恐怖に青ざめていた。

爆弾処理

翌日の金沢大会を欠場し、大阪の病院で精密検査を受けた。

「椎間板脊椎症です」

「はぁ……それはどういう……」

椎体と椎体の間でクッションになっている椎間板が潰れ、骨が突出し、脊髄を強烈に圧迫していた。

「これは酷《ひど》い……ものすごい炎症を起こしてますよ」

新弟子の頃に痛めた箇所と同じだった。あの頃からずっとダメージを蓄積し続けてきたのだ。

「どのくらい酷いんですか？」

「とっくに半身不随になっているような状態です」

「そんな……」

半身不随という響きに胸をえぐられた。

「蝶野さんの場合は、普通の人よりも脊椎が太くて倍近くあるんです。だからギリギリ持ちこたえているだけです」

人間の頭部の重さは、体重の一〇パーセントくらいらしい。だとすれば俺は一〇キログらいの頭部を、人の倍近く太い脊椎で支えてきたことになる。

怪我を重ねて脊椎にダメージが蓄積していくと、レスラーならではの強靭な筋肉でカバーしてきた。筋肉はいわば骨や関節を強力に包み込む鎧の役割を果たしてきてくれたのだ。

しかし、いくらレスラーとはいえ加齢によって鎧は徐々に剝がれていく。レスラーに四〇代後半くらいから怪我による戦線離脱が増えてくるのは、この鎧が剝がれ、それまで抑え込んでいた症状や古傷が悪化するからだ。

俺はこの時三〇代だったから、筋肉の鎧によってボロボロの首を支えていたに過ぎなかった。

「これは脅しじゃありません。今日明日にも、どうなるかわかりませんよ」

「いやでも……先生、三日後に試合があるんですよ」

九月二三日の横浜アリーナで、ＩＷＧＰの初防衛戦（VSスコット・ノートン）が控えていた。勝とうが負けようが、チャンピオンとしては防衛戦、しかも初防衛戦を放棄するわけにはいかなかった。

六年前、ＮＷＡ世界ヘビー級王座を獲得したにもかかわらず、首の怪我で酷い試合をしてしまった。アメリカに渡り、Ｇ１決勝で戦ったリック・ルードとＷＣＷで再戦したのだが、観客が静まり返るような、思い出したくもない最悪の試合だった。

王者なら王者らしく戦わなければならない。たとえ負けるにせよ、王者らしい試合をして散りたいと思っていた。

「試合なんてとんでもない！　脊椎を損傷したら、治りませんよ！　試合をやらないほうがいい、というよりもプロレスをやらないほうがいい」

「……辞めろということですか？」

「蝶野さんの人生ですから強制はできませんが、医者としてはそうとしか言えません」

プロレスラーとしてではなく、日常生活に支障をきたす段階。三日後の防衛戦だけではなく、選手生活そのものをストップせよ、と医者は言った。

俺はプロレスラーを辞めない代わりに、次戦からの欠場とＩＷＧＰヘビー級王座の返上を受け入れるしかなかった。

戦いの場がリングから病院に代わった。九段下の病院では即手術だと言われた。しかも三カ所にメスを入れるという。

「プロレスはいつ出来るようになるんでしょうか？」

「はい？　首に三カ所もメスを入れるんですよ！　プロレスなんて出来るわけがないでしょう！」

次にマサさんの紹介でアメリカへ飛んだ。手術をせず、頸椎の腫れをひかせる治療法があるらしい。ＮＦＬのミネソタ・バイキングスの専属ドクターは言った。

「その治療法は失敗例が出たから、現在は行なっていない」

一縷《いちる》の望みが絶たれた。

「ただ、ドイツではまだやっているかもしれない」

「ありがとう。じゃあ、ドイツへ行ってみる」

「待つんだ。よく聞いてほしい、ミスター・チョーノ。あなたの首は明日、目が覚めたら動けなくなっているかもしれない状態だ。今すぐに手術をしないとダメだ。治療法を探して飛び回っている場合ではない」

そうドクターに言われて、「プロレスが出来るようになりたいんだ」とは、さすがに言えなかった。

一九九八年。この頃はちょうど世界的に、脊椎系の治療に関する過渡期だった。数年後には骨と骨の間に金具を入れる新しい術式が開発されるのだが、俺が最悪な状態であるこの時には間に合っていなかった。ちなみに、ディーン・マレンコや中西学選手はその手術の恩恵を受けているはずだ。

アメリカを諦め、ドイツへ向かった。

「あなたには大切な奥様もいるんだから」

ドイツの医師は延々と人生論を三時間ほど語った後、やはり手術をしろと説得してきた。五〇〇人ほどの患者を手掛け、自分の腕に絶対的な自信を持っていた。妻の話を出され、絶対に治してやると言われ、俺は揺らいだ。

ここが潮時なんだろうか。プロレスを諦めれば、安全な日常が約束される……それでも俺はやはりリングへの思いは消せなかった。生きていくモチベーションを奪われたら、人はどうやって生きていけばいいんだ!?

「じゃあ、あなたに手術をしてもらったとして、俺はリングに上がれるか？」

「あなたがどうしてもというなら、コーチとして携わっていけばいい」

「レスラーはできないと？」

「できません」

アメリカからドイツへと世界を飛び回った挙句、何の進展もなく帰国することになった。途方に暮れた俺は、帰国直前にヒロさんへ電話を掛けた。

「ドイツもダメでした」

「そうか……」

「帰ります」

「岐阜のトレーナーのところへ行ってみたら？」

ヒロさんは岐阜在住の整体師を薦めてくれた。正直、気が進まなかった。新人の頃、最初に首を痛めた際に、整体治療で悪化した苦い思い出があったのだ。ましてや、ヒロさんが紹介してくれた整体師の坂井君は、いや坂井先生と呼ぶべきなんだろうが、彼はまだ二〇代前半。今にも爆ぜそうな首の爆弾処理を任せていいのか⁉　もしも悪化したら、選手生命は完全に断たれてしまう。

しかし世界中の最先端医療を求めて飛び回った挙句、西洋医学での万策は尽き、東洋医学に頼るしかなくなった。帰国すると、目をつむって火中に飛び込むような気持ちで岐阜へ向かった。

岐阜羽島の駅に迎えに来てくれていた坂井先生は、白いジャージの上下だった。俺にはそれが冗談ではなく死神に見えた。この人にとどめを刺されるのか、と思った。

俺はＭＲＩの画像を見せて言った。

「先生、これ見たらわかるよね？　少しでも変な動かし方をしたら、俺はもう……先生わかるよね？　ヤバいんだよ、俺。先生、ひとつだけ聞くから答えてください。俺の首、出来ますか？出来ませんか？」

「やります」

坂井先生は、きっぱりと言った。

硬化している筋肉の緊張を緩和していく治療だった。先生はとにかく、優しく優しく患部をほぐすように揉み込んだ。朝二時間、夕方二時間、就寝前に二時間。一週間泊まり込んで治療し、東京へ一時帰宅して、また岐阜へ。そんなことを繰り返すこと一カ月。痺れが徐々になくなっていき、階段の上り下りが出来るようになった。

引退の瀬戸際にいた俺に、一筋の光が射しこんできたような気持ちになった。

1・4事変

一九九九年一月四日。首の治療を続けながら年を越え、俺はテレビ解説者として東京ドームへ出向いた。

「おい、なんだよ、これ！」

控室のモニターで橋本真也VS小川直也を見守っていた俺は、思わず声をあげた。ゴングが鳴るやいなや、小川選手がいきなり顔面パンチを繰り出した。呆然とする橋本選手。その後も小川選手による一方的な殴る蹴るが映し出されていた。もうプロレスではなかった。後に「1・4事変」と語られる一線を越えた試合展開だった。

「ブッチャー！　なんでやり返さねぇんだよ！」

モニターを食い入るように見つめながら、俺は思わず叫んだ。顔面をやられたといっても、別に脳震盪を起こしているわけでもない。いくらでもやり返せるはず。目つぶしでも何でもやり返してやればいいのに。俺だったら絶対にやり返す。目つぶしだって金的だって反射的にやり返しているはずだ。気が荒い橋本選手であれば、なおさらのこと。相手に噛みついたっておかしくはない。おまえ、俺のことを後ろからいきなり蹴り飛ばしたこともあるじゃねぇか！

「どうしてなんだ、ブッチャー！　顔面に一発ぶちこんじまえよ！」

いきなり一発かまされてしまったことで戦意を喪失したのか？　いや違う。

レフェリーの服部さんにアピールしている。冷静だ。やり返したい気持ちをぐっと堪えているように見える。だとすれば一体誰のために、何のために、じっとやられっぱなしで耐えているのか？

新日のトップレスラーとしてのプライドから、喧嘩みたいな真似はしない、と決めたのだろうか。確かにお互いが一線を越えた攻撃の応酬をやり始めたら、試合が成立しなくなる。それを恐れ、あくまでも試合として形を作りたかったのか？

俺はいろんな理由を推測した。後から知ったのだが、橋本選手はこの日、かなり体調が悪かったらしい。体調が悪いことに加え、油断もあったのかもしれない。小川選手とは今回が三戦目ということでお互いに信頼関係も出来ている、と安心しきっていた。体調が悪い上に油断も手伝い、不用意に一発食らわされた。そして、驚きのあまり呆然となってしまったのかもしれない。

理由は他にも考えられた。橋本選手はマッチメーク批判が原因で、1・4以降の無期限出場停止処分を言い渡されていた。その状況で小川選手に対してブチ切れ、試合をめちゃくちゃにしてしまったら、今度こそ永久追放されてしまう……そんな風に恐れたのではないか。

いずれにせよ、これは小川選手と橋本選手の戦いではなく、小川選手の背後にいる猪木さんと橋本選手の争いだったのかもしれない。

正規軍のトップを張っているにもかかわらず、橋本選手はリングの外のことに目が向きすぎている。そんな気の緩んだトップは許さない……そんなメッセージを込めて、猪木さんは小川選手を使って仕掛けたのだろうか。だとすれば、良し悪しは置いておき、いかにも猪木さんらしいやり方ではある。

スキャンダラスなプロレスが好きな猪木さんらしいと言えば、らしい。実際に、三回目の対戦ということで刺激が薄くなっていた小川VS橋本というカードは、この事件以降、大きな話題を呼ぶカードになった。しかし、もうこんな事故興行をやる時代ではない。誰かが騙し騙される、しかも興行としてまとまらない、こんなのはナシだよ、猪木さん。こんなことやって一体誰が幸せになるんだ……俺はそう思っていた。

武藤選手であっても俺であっても、同じことは起きていたかもしれない。道場で猪木さんに喰らわされることがあったかもしれない。いや、道場でのかわいがりならいいのだ。衆人環視のもと、しかも猪木さん自らではなく〝手下〟である小川選手にやられてしまったことに、橋本選手は絶望的な気持ちになったのではないか。

橋本選手は猪木さんを崇拝していただけに、裏切られたという思いは強かっただろう。

橋本選手だけではなく、多くのレスラーたちの心を削ったこの事件は、選手たちの猪木離れをより一層加速させることになった。

引退覚悟の復帰戦

俺が首の怪我で欠場している間、武藤選手が〝BOSS〟と名乗ってnWoジャパンを率いてくれていた。有難い……俺が二枚看板の意味を噛みしめていると、永島さん（永島勝司取締役）がこんなことを言った。日本とアメリカの医師たちから「プロレスなんてとんでもない」と宣告され、一縷の望みに賭けてドイツへ飛ぼうとしていた直前だった。

「蝶野、どうなんだ首の具合は？」

「正直キツイですね……」

「おまえ、早く戻ってこないと、えらいことになってるぞ」

「えらいことってなんですか？」

「おまえがいなくなって、武藤のやつ喜んでるぞ」

武藤選手なら本気にせよ冗談にせよ言いかねないと思った。三銃士は仲良しこよしではない。俺の脱落は武藤選手にとってのチャンス。鬼の居ぬ間にｎＷｏジャパンを乗っ取ってやろう、くらいのことは考えていたと思う。武藤選手が特殊な例ではなくて、レスラーというものは総じてそういう生き物なのだ。特にアメリカは露骨で、溺れる奴の手を平気で離す。武藤選手はアメリカで活躍してきたから、自然にそういう感覚を身に着けているのだろう。

あるいは、武藤選手はそんなことを言っていないのに永島さんが焚きつけた可能性もあった。ライバル心や闘争心を煽って、俺のリング復帰を急かしたのかもしれない。

いずれにせよ、プロレスラーとしての進退、いや、生きるか死ぬかまで覚悟して治療に奔走していた俺は、腹が立って仕方がなかった。

急かされるまでもなく、俺は一日でも早く復帰したいと思っていた。ｎＷｏジャパンを武藤選手に任せるわけにはいかない。天才的なプレイヤーだが、プロデュース能力やチームの調整能力は俺のほうがある。アメリカの本隊とうまくバランスを取りながら、日本独自のストーリーを描き、チームを機能させていくことは俺にしかできないからだ。

永島さんからそんなことを言われて間もなく、旧知のプロモーターから電話があった。

「蝶野、おまえ早く復帰しろよ、何やってんだ？」

俺は怒りが爆発した。

「どいつもこいつも……ふざけんなこの野郎！　てめぇの担当する興行も無理して出てたろう

が！　てめぇみてーなスーツ族に、現場で体張ってる選手の痛みがわかるのか、この野郎、ええ！」

こうした事務方からのプレッシャーは、「絶対に治してやる！　絶対に復帰してやる！　見てろよ、この野郎！」そんな原動力にもなった。

怒りを原動力に変え、東京と岐阜を往復しながら黙々と治療を続けている最中、またしても永島さんが〝仕掛け〟てきた。

「首、どのくらい掛かりそうなんだ？」

「一年はかかると思います」

「一年かぁ……」

「最低でも半年はかかると思います」

「……半年！　おお、そうかそうか！」

間もなく『二月　札幌大会で蝶野復帰！』という記事が出た。永島さんが飛ばしたのだ。おいおい、待てよ。この三カ月、全く体を動かせていない。ようやく散歩が出来るようになったくらいなのだ。治ってからも、ビルドアップするのに三カ月はかかる。俺は記事の件で永島さんに抗議した。

「二月なんて無理ですよ！」

「いや、立ってるだけでいい。立ってるだけでいいんだ」

「無茶言わないでください！」

「そこをなんとか頼むよ」

しかし、もう記事を飛ばされてしまっている。ファンの目には触れてしまっているのだ。

「参ったな……」

良くなっていることを期待してレントゲンを撮ったのだが、状態に変わりはなかった。

俺は覚悟を決めた。二月の札幌大会でリングに復帰する。そして、もしもう一回痺れが出たら引退しよう、と。

「マルティーナ。二月の大会、会場に観に来てほしいんだ」

「どうしたの？　いつもはそんなこと言わないのに」

「最後の試合になるかもしれないから」

「……わかった。行くわ」

進退をかけて上がったリング。神様がもう少し戦えと言っているのだろうか。幸い痺れは出なかった。

痺れが出なかった代わりに、この日から総帥の俺と〝ＢＯＳＳ〟の武藤選手が袂《たもと》を分かち、抗争を開始した。アメリカのｎＷｏ本隊がホーガン派とナッシュ派に分裂したのと同じ構図だ。

もしも欠場していなかったとしても、アメリカの本隊がめちゃくちゃになっていたから、俺はｎＷｏジャパンを独立させていたと思う。また、マンネリを防ぐためにもここらで変革が必要だったのだ。

俺はAKIRA選手、ドン・フライらと、TEAM2000という新ユニットを結成した。のちにスーパーJも合流し、武藤選手率いるnWoジャパンと抗争を繰り広げた。

破壊と創造を繰り返さなければ、新陳代謝が止まる。二〇〇〇年一月四日の東京ドーム大会において、『黒の頂上決戦』と銘打たれた武藤選手との決着戦に俺は勝利して抗争を終わらせ、TEAM2000へと完全に鞍替えした。

レスラーがアパレル？

nWoジャパンに所属していたヒロさん、天山選手、スコット・ノートン、小島聡選手、さらには後藤達俊さん、小原道由選手らも加入させ、俺はTEAM2000の勢力を拡大していった。

言わずもがなTEAM2000はヒールユニット。nWoジャパン時代と同じように反体制勢力であり、野党だ。あくまでも与党であるベビーフェイスを輝かせるための存在だとわきまえていた。しかし本隊側は、藤波・長州時代の次を誰が継ぐのかはっきりしなかった。武藤選手なのか、橋本選手なのか、佐々木健介選手なのか。対戦相手となるベビー側の顔ぶれが次々に変わっていく。武藤選手はnWoジャパン消滅後にアメリカへ飛び、WCWを主戦場にしていた。橋本選手は小川選手と因縁の対決を繰り返していた。エースが安定しない状況に、俺はずっとやきも

怪我から復帰後、新ユニット「TEAM2000」を結成。

きしていたのだ。

新日、大丈夫か？　俺は今、この試合が最後になるかもしれないのに——。首に時限爆弾を抱えて以降は、「今日も怪我無く一日が終わりますように」と祈り、決死の覚悟でリングに上がるようになっていた。

怖かった。首を抱えて痛みに転がりまわる姿、半身不随になってしまう姿を想像すると震えた。その一方、俺は大丈夫だと過信してもいた。根拠はない。医者からすれば俺は〝信じられないレベルの馬鹿〟だろう。その馬鹿さゆえに過信し、俺はリングに上がり続けていたのだ。

原動力のもうひとつは、意地だった。何をやっても中途半端だった若かりし頃。サッカーも続かず、成し遂げられなかった。子供の頃に親に叱られて一番嫌だったのは「正洋は飽きっぽくて、何も長続きしない」という言葉だった。プロレスだけはやり抜きたい、投げ出したくない。その一念だけで続けることができたのだ。細かい怪我を挙げればキリがないが、首以外はまだ自由に動かせる。辞めてたまるか。

巡業が始まる前に岐阜へ行き、巡業中にも辛くなってきたら岐阜へ行き、巡業が終わったら岐阜へ行き、オフになったら岐阜へ行った。メンテナンスをサボった時点で選手生命が終わると思っていた。いや、メンテナンスしても終わる時は終わる。だから絶対に手を抜けなかった。

マルティーナは献身的に尽くしてくれた。本当はプロレスを引退してほしかっただろう。しかし、好きなことを仕事にしている俺を支え続けてくれた。今度は彼女の好きなこと、やりたいことに協力しよう。素直にそう思えた。

この当時、手元に自由に使えるお金が一〇〇〇万円ほどあった。武藤選手や橋本選手はベンツを買っていたし、俺も好きだったたから欲しかった。ドイツ車だからというわけではないだろうが、彼女も「頑張って治療して復帰したんだから、買えばいいじゃない」と言ってくれた。

俺は車を買わず、会社を立ち上げた。『アリストトリスト』というアパレルブランドだ。

復帰したとはいえ、いつリングを去ってもおかしくはない状態だから、人生の次の一手を打っておきたかった。そして何より、マルティーナの趣味であり特技でもあるファッションの分野で、彼女にいきいきと輝いてほしかった。マルティーナは黒へ変身した俺のコスチュームを手掛けたことを皮切りに、nWoジャパンが始動してからは闘魂ショップ（新日本プロレス・オフィシャルグッズ販売店）と組んで、サングラスやネックレスなどのアクセサリーをデザインしていた。TEAM2000の時代に入っても、デザイン監修などを手掛けていたのだ。

新日という会社に求心力を感じられなくなって、その不安から会社を設立したという側面もある。また、俺個人の肖像権管理、ブランド商標管理も狙いのひとつだった。nWoのTシャツがバカ売れした際、俺の懐に一銭も入らなかったことも教訓になっていた。

「レスラーがアパレル？」と周囲には驚かれたが、俺とマルティーナにとってはある意味自然な流れといえた。

ドイツから日本へ花嫁道具の古いミシンを持ち込んで、自分の服を作ろうとするほど、マルテ

アパレルブランド「アリストトリスト」を設立。自身の試合コスチュームも同ブランドが手掛ける。

ィーナはもともとファッションが大好きだった。

会社に反旗を翻してみたものの、その先どうすればいいかわからなかった俺は、彼女が黒のガウンを作ってくれたことで、明確に黒への変身を遂げることができた。彼女が赤い衣装を作っていれば、赤への変身だったろうし、そうなれば今の俺はいない。

しかし、現実は甘くなかった。デザインや販売はこなせたが、その途中のプロセス、例えば入出金の管理、発注、店舗運営、在庫管理などはわからないことだらけだった。ド素人が会社運営の何たるかを全く知らずにスタートしたのだから無理もない。プロレスでいえば、受け身を知らないで試合に出場してしまったようなものだ。社員やアルバイトたちも、素人同然。週二回のエクセルの教室を開いて、みんなでイチから勉強していった。

闘魂ショップと組んでいた頃はサングラスや時計といったものを手掛けていたのだが、そういったアクセサリー類と衣服とでは取引先が全く違う。そもそも業種が全く違うのだから当たり前なのだが、そんな魚屋に肉を買いにいくような間違いを何度も繰り返してしまった。服を一着作るにも、何をどうすればいいかわからなかったのだ。素材をどうやって調達すればいいのか、どの工場に頼めばいいのか、パイプがないから動きようもない。どうにか業者を見つけてきても、思い描いていた試作品ができない。いくらデザインやアイデアが良くても、それを形にするというのは相当に大変なことだと思い知った。彼女のデザインをより忠実に具現化してくれる工場、パートナー探しに、その後、何年も要した。

流通経路、販売経路、営業活動。これらも苦労した。プロレスと同じように繊維業界にだって派閥は当然ある。誰とどんな関係を築いていくべきか。失敗を繰り返しながら少しずつ学んでいった。

プロレスの世界ではベテランの域に差し掛かった俺だが、アパレルの世界では完全な新弟子。だからこそ、一着の洋服が出来上がるたびに、新鮮な感動があった。

猪木問答

二〇〇〇年一一月一三日付で新日から解雇された橋本選手が、翌年、新団体『プロレスリングZERO-ONE』を旗揚げした。新日との完全な決別であり、独立宣言だった。

小川戦を契機に猪木さんに対する思いが決壊し、藤波さんと長州さんの対立に巻き込まれ、全日と積極的に交流を図ろうとしていた会社の上層部と衝突し……様々な理由が重なった結果だと思うが、橋本選手の退団は、まさに当時の新日の混乱ぶりを象徴する出来事だったように思う。会社の中はもう本当にぐちゃぐちゃだった。

nWoジャパンの頃は会社も潤っていたから猪木さんも何も言わなかったのだが、徐々に会社に対して「K-1は大きな敵になるぞ」と忠告を始めた。

腕っぷしの強い人間をプロレスのルールで戦わせれば、プロレスになる。同じく腕っぷしの強い人間をK-1のキック・ルールで戦わせれば、K-1になる。つまり、戦後にプロレスが一大マーケットに育ったように、K-1もまた力自慢の人材を取り込み、戦わせていけば、すぐにプロレスと同規模のマーケットになる、と猪木さんは危惧していたのだ。

しかし、会社はドーム大会を中心に新日本プロレスはまだまだ安泰だ、と聞く耳を持たなかった。K-1始動当初はまだ開催数も少なかったし、敵にはならないと思っていたのだ。

イライラし始めた猪木さんは猪木事務所を作り、これを窓口にして逆にK-1や総合格闘技のPRIDEに近づいていった。そして、格闘技路線を新日マットにごり押しし、現場への介入を繰り返した。

そんな猪木さんに対して選手も社員も嫌気が差し、どうにも埋まらないほどの溝が生まれてしまった。橋本選手が新日を去った理由は様々あれど、結局のところ猪木さんなのだと思う。アントニオ猪木に憧れてプロレスラーになり、言動も価値観も生き方も真似しようとしていた信者だったから、裏切られたという思いは決定的だったはずだ。

橋本選手退団のショックにプロレス界が揺れていた頃、天山選手から電話があった。

「ご相談がありまして」

「どうした？」

「実は全日から誘われてます……」

「……そうか。いいんじゃないか。思うようにすれば」

「……はい」

「ただし、だ。おまえを本気で引き抜きに来てるんなら、契約金を積まなきゃな。積まれたのか？」

「いや、出来高です」

「それは本気じゃねーな」

「……そうですか……」

「ただ、チャンスかもしれないし、転機かもしれない。判断は自分でしろ」

本人自身の話が一段落したところで、話が枝葉に入った。

「もう御存知だと思いますけど、武藤さんが全日に行かれるじゃないですか……」

「……そんなの噂だろ⁉」

確かに武藤選手の名前も挙がってはいたが、長州さん、藤波さん、永島さんなど、他にも団体に反旗を翻すのではと有力視されている人たちはいた。俺にとって武藤選手は、ほぼ可能性のない完全なダークホースだった。

「いや、マジみたいです」

「え……嘘だろ？」

武藤選手が新日および猪木さんに不満を持っていることはわかっていたが、もしも本当に移籍する可能性があるなら、必ず相談があると思っていた。仮にも同期入団で、同じ釜の飯を食ってきたのに一言もないなんて、それはないだろう……しばし呆然となった。

二〇〇二年一月一八日。橋本選手の退団から二カ月後。武藤選手は退団を正式に発表。小島聡選手、ケンドー・カシン選手、そして新日のフロントスタッフの五名も追従し、翌二月二六日には、全日本プロレスに入団した。そして武藤選手の退団から四カ月後の五月には、長州さんが退団することになる。

三銃士の長男と三男が去り、次男の俺だけが残る形になった。二人が出ていく気持ちはわかるし、しょうがないとも思った。しかし、最初に三男が抜けてしまった時、俺は長男と共に猪木さんのやり方に対して、新日で一緒に戦っていくつもりでいた。武藤選手にトップを走ってもらって、俺は神輿を担ぐつもりでいたのだ。

どうして二人は出て行ってしまったのか。もしかしたら、俺の行動が二人を刺激したのかもしれないとも思った。一九九九年一二月にアパレルブランドを立ち上げ、試合は新日本、物販は『アリストトリスト』という契約を会社側と交わした。これはアメリカでは当たり前なビジネス形態だが、日本では前例がない。二人の目には、俺が独立を勝ち取ったように映ったのかもしれない。

新日は混乱期を超えて、空中分解寸前の状態に陥った。もう黙っていられない――。俺は実力行使に出ることを決意した。二〇〇二年二月一日の札幌大会で、一発かましてやろうと思ったのだ。

当日。会場入りして驚いた。猪木さん以下、主要メンバーが勢揃いしていたのだ。何か記者会見でもやるつもりなのか？　しかしどれだけ待っても、坂口さんも藤波さんも長州さんも誰も動こうとしなかった。

「何もないのかよ？　じゃあ、どうして勢揃いしてんだ？　おかしいんじゃねぇか？」

武藤選手の移籍が新聞で一面になっているにもかかわらず、誰も猪木さんの控室に行こうとしない。このままじゃ新日が倒れるし、新日が倒れれば、プロレス界そのものが格闘技に飲み込まれて終わってしまうかもしれない。

もう俺が動くしかない。猪木さんに直接言わないとダメだろう。テーブル交渉じゃ埒が明かない。密室で二人きりで話しても、猪木さんは頭のいい人だから、説得されてしまう。だったら、衆人環視のもとで問うしかない。腹を決めた。

猪木さんの控室をノックした。

「失礼します」

「……おう」

「自分の試合の後、呼び込みしますんで、リングに上がっていただけますか」

「おう。おまえの試合が終わってから、だな？」

この当時、猪木さんは会場に現れても、みんなが結託してリングへ上げないような雰囲気を作っていた。恒例の「1、2、3、ダー！」をやらせないようにしていたのだ。だから猪木さんも、自分がリングへ上がるタイミングを俺に確かめてきた。

選手たちの気持ちは痛いほどわかっていた。自分たちが頑張って試合をした後に、猪木さんが出てきて全部持っていくのは面白くない。しかもこの当時はみんな反猪木なのだから仕方がなかった。

「そうです。俺の試合が終わった後に、呼び込みますので。お願いします」

「わかった」

リング上で何をするのかは、具体的には言わなかった。拒否されても困るし、返答を準備されても困るからだ。何より、新日本プロレスの行く末を不安に思うファン、団体の危機的状況を報じ続けるマスコミに対して、猪木さんの生の声を、本音を公開したかった。

猪木さんは「わかった」と答えただけだった。「おまえは何をしようとしている？　俺は何をすればいいんだ？」と聞いてはこなかった。だから俺が何を言い出すのかもわからなかったはずだ。いや、猪木さんのことだからおおよその見当はついていたのかもしれないが。

そうして試合後に、俺はマイクを握った。

「我々の上にひとり神がいる！　ミスター猪木！」

リング上からそう言って呼び込むと、猪木さんがリングに上がった。

「会長、まず先に一つ。俺も新日本で闘うレスラーとして、新日本にも、それからオーナーの猪木さん、それから新日本の象徴の、俺らの神であるアントニオ猪木に聞きたい！　ここのリングは……ここのリングで俺は……俺はプロレスをやりたいんですよ！」

俺は祈るように信じていた。すっかり格闘技路線に走った猪木さんが、もう一度、ストロングスタイルを、新日本スタイルを守っていくと、そういう意味の発言をしてくれると。

いや、もうシンプルに一言でいい。「プロレスは最高だ」「プロレスが大好きだ」と言ってほしい……俺はそう願って返事を待った。しかし、猪木さんは予想外の方向から答えを返してきた。

「今、おまえに教えよう。おまえはただの選手じゃねーぞ！　これからはいいか！　プロレス界を全部仕切っていく器量になれよ！」

おいおい、待ってくれ。冗談じゃない。どうして、そういう方向になるんだ。俺は頭が真っ白になってしまった。

しかし、客席からは蝶野コールが巻き起こってしまった。「嫌です」とか「出来ません」とか言える空気ではなかった。

「猪木さん、俺にすべて任せてほしい。俺が全部やりますよ。藤波、長州、ここは俺に任せろ！武藤全日本くそったれ！　オラエー！」

結局、俺はそう宣言したのだった。

その後、リングサイドの選手たちが続々と呼びこまれ、猪木さんと問答になった。ファンの間ではつとに知られる猪木問答だ。若手レスラーたちはたじたじになり、完全に猪木さんに飲まれた。

2002年2月・札幌大会のリング上で
猪木から現場監督に指名される。

猪木さんはこうして時間を稼ぎながら、返答を考えていたのだろう。

「リングをおまえたちが作るんだ。俺に言うな」

一枚も二枚も三枚も、猪木さんが上だった。

こうして、このあと十年近く、俺はプレイヤーと新日の役員の両輪で動かなければならなくなった。

大恩

猪木問答の末に現場監督を任される形になったのだが、会社からは何も言われていなかった。正式に現場監督というポジションに就任したのか、あくまで猪木さんのパフォーマンスというだけであったのか、宙ぶらりんだったのだ。坂口さん、藤波さん、長州さんの誰か、もしくは会社の上層部に呼ばれて、

「というわけで、今日からおまえが現場監督だ」

と明言されれば、俺も覚悟を決めて動くつもりでいた。しかし、誰も何も言わない。現場監督である長州さんは札幌の猪木問答を境に、会社に来なくなってしまった。

このままではまずい。報道されている以上、ファンは俺が新しい現場監督だと思っているはずだ。俺がやるしかない。上井さん（上井文彦氏）に相談を持ち掛けた。

「どうします？　長州さんもいないし。当日のカードをどうしましょう？」

五月に東京ドーム興行が決まっているにもかかわらず、会社は機能していなかった。総務と経理を統括する管理部長が、引き継ぎ作業をすることなく武藤選手と共に抜けてしまったため、社内は大混乱していた。彼らが会社のデータを持ち出したんじゃないか、不都合な事案を隠蔽したんじゃないかと殺気立ち、肝心のドーム興行の件は放置されてしまっていたのだ。

「そうだよなぁ。まず目玉のカードをはっきり打ち出さないと、どうしようもないしなぁ……」

「俺と小川の一騎打ちはどうですか……もしくは、ノアの三沢社長に頼む、なんてどうでしょう？」

「それなら目玉になるなぁ。でも、他団体の三沢社長はいくらなんでも無理だろう……」

話し合いを重ねた結果、三沢社長にダメ元で頼んでみようということになった。

俺は三沢さんに電話を掛けた。かつて馳選手が音頭を取り、四天王と三銃士の顔合わせをしようと会合の場を設けてくれた。その時に、三沢さんと携帯の番号を交換していたのだ。しかし電話を掛けるのはこの時が初めてだった。三沢社長の返事は一言だった。

「蝶野選手が言うなら、出るよ」

身震いするほど嬉しかった。新日ではなく、他のどの選手でもなく、俺を信用してくれたというニュアンスだったように思う。何より三沢社長は、団体の垣根を越えてプロレスの未来を憂いていた。その思いが合致したのだ。

蝶野正洋VS三沢光晴という目玉カードが決まり、俺は機能しない上層部の社員たちを諦め、若手のスタッフたちをかき集めて、ドーム大会の準備に入った。とはいえ、開場作業はどういう手筈でやればいいのか？　物販はどうすればいいのか？　わからないことばかり。プレイヤーとして試合をこなしながら、興行準備に走り回った。

思わぬ形で現場監督を任されてしまったが、学んだことは多かった。選手だけをやっていてはわからないことがたくさんあった。nWo時代なんて、ともすれば、「俺たちが出れば、お客さんは来るに決まってる」という自信、いや傲慢な気持ちもあった。

選手が会場にいるのはせいぜい一日四、五時間だ。一発かましてやろうぜ、と試合をバンバンやって会場を後にし、夜の街へ消えていく。そういうプロレスの一面しか知らなかったから、運営側の気持ちや苦労がわかっていなかった。

一年前には会場を決めて、スポンサーを募り、カードを決め、チケットを売り、当日の運営まで と、長い長い戦いなのだ。

俺は両方を経験して、それぞれの有難みを知った。選手がいなければ興行は当然できないし、スタッフがいなければやはり興行は成り立たない。どちらも大事なのだ。一緒に作っていくものなんだ、一緒に戦っていくものなんだと、つくづく思った。

二〇〇二年五月二日、東京ドーム。当日はテレビ中継が入っていた。新しく現場監督に就任した俺の一日を、ドキュメンタリー風に追いかけて撮りたいという意向だった。

「じゃあ、猪木さんと蝶野さんが控室でモニターを見ている場面を撮らせてください」

とディレクターに頼まれたのだが、俺はそれどころではなかった。スタッフに指示を出して開場準備を整えなければならなかったからだ。

「わかりました。じゃあ、あらかじめ試合用のコスチュームに着替えておいていいですか？　カメラが回ってからだと、着替える暇もなさそうなので」

「いやぁ……選手ではなく現場監督としての蝶野さんを撮りたいので、着替えは後にしてもらえませんか？　リングインする直前に着替えてもらうと、現場監督からレスラーへ切り替わる瞬間が撮れるので」

「えー、マジですか、参ったな……」

猪木さんと一緒にモニターをみつめる、というシーンを撮り終えた直後、俺はあわてて着替えて、バックステージへ走った。試合前の精神統一もくそもない。もう通路を走らなければ、入場に間に合わなかった。

三沢選手は三〇分前にはバックステージに入り、ウォームアップしていた。

俺がバックステージに入ったのは五分前だった。

三沢選手は俺が息を切らせて到着したのに気づくと、（おお、やっと来たか）という感じで苦笑いした。

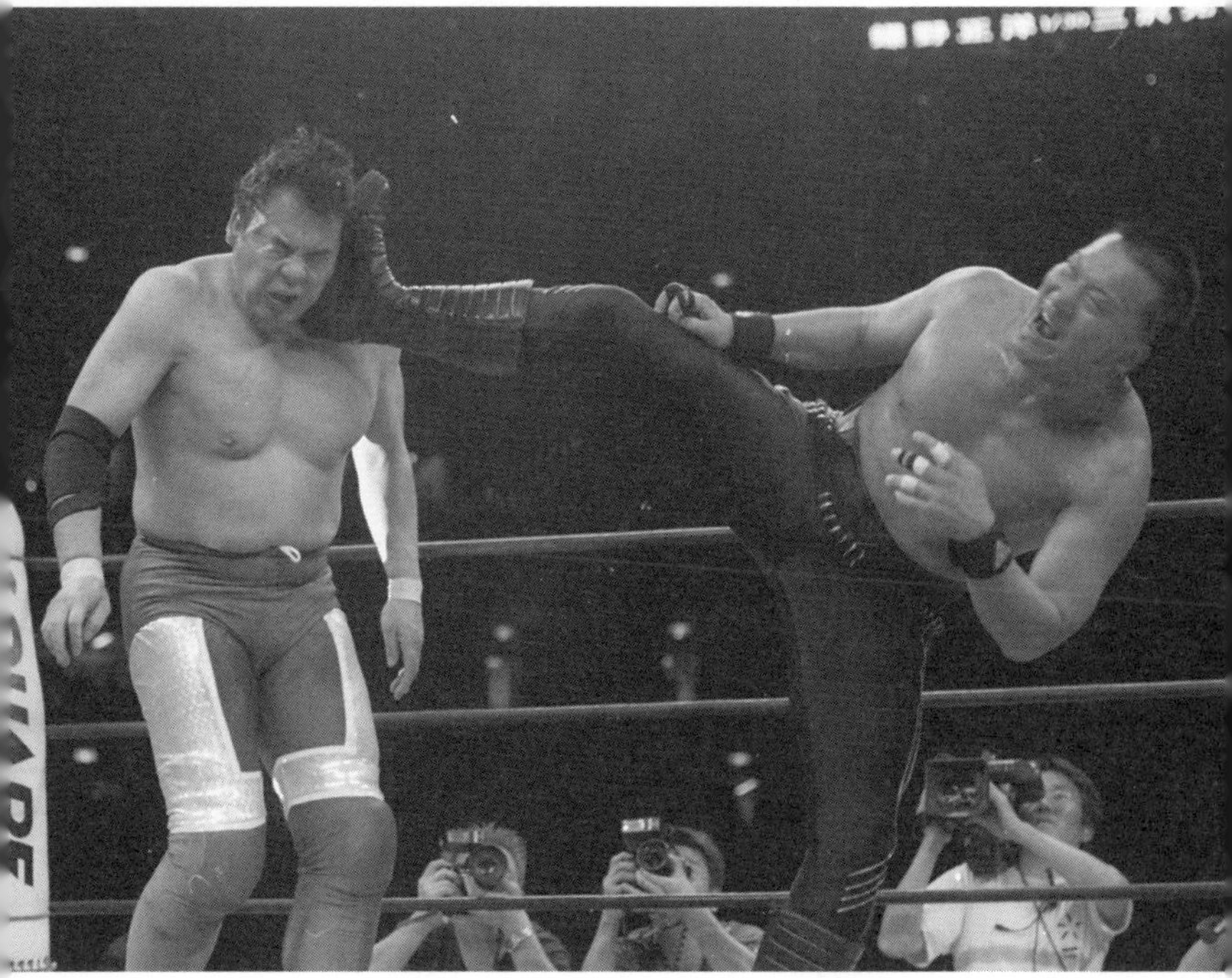

2002年5月・東京ドームで三沢光晴戦が実現。夢の対決は時間切れ引き分けに。

リングの上だけに専念できない。がむしゃらに暴れていれば良かった時代にはもう戻れない――。この日が現場監督デビューだった俺に、社長である三沢さんはシンパシーを覚えてくれたんだと思う。

正直、試合どころではないという忙しさだったため、試合自体の記憶はかなり曖昧だ。細かい攻防は覚えていない。首は相変わらず辛かったし、まして三沢社長が相手なのだから、もうヘトヘトに疲れた。とにかく必死だったし、ハードだった。

試合後、三沢社長は試合に関してというより、「現場監督、お疲れ様！」という感じの笑顔を向けてくれた。三沢選手もまた団体の垣根を越えて猪木さんのやり方に不信感を持っていたし、自社を含めて日本のプロレス界全体を憂いていた。五月二日。三沢社長と俺の心はシンクロしていたんだと思う。

この試合がなかったら、新日は間違いなく潰れていただろう。三沢社長は新日を救ってくれた方舟だった。

美学

長州さんが抜けて出来た現場監督の穴は俺が埋めることになったが、対猪木さん担当を誰がやるのかが問題になった。今までは壁になってくれていた長州さんはもういない。その役を上井さんが引き受けた。魔界倶楽部なども苦心の作だ。

社内の混乱は長期化していた。相変わらず派閥抗争が続き、毎週会議の度に勢力図が変わっていた。誰もが保身と敵対する派閥への攻撃に走り、新日をどうにかしようという動きはなかった。武藤選手が抜けたことは頭にきていた。これで俺も抜けたら、抜けたもん勝ちを認めてしまうことになる。それが悔しくて、忙殺される毎日を甘んじて受け入れた。

新日なんて潰れてしまえばいい、潰して新しく作り直したいと思っていた人間が多かったと思う。俺も新日が生まれ変わればいいと思っていた。新しいプロレスの可能性を追求していくためには、まさに俺たち三銃士世代が中心になって動いていかなければいけない。そのためには猪木さんから逃げるのではなく、猪木さんとやりあって越えたいと思っていた。

不良時代。悪ガキたちなりにルールを定めていた。「逃げない」「薬に手を出さない」「義理を重んじる」。どれだけ悪さをしても、この三つは守った。もちろん不良なんて褒められたものではない。社会や周囲にさんざん迷惑をかけたのだから。でも不良少年たちは自分たちなりの美学があった。

世話になった新日を見捨てない。助けてもらった三沢社長に恩返しをする。俺は不良少年の頃と同じ美学で、自分なりのけじめをつけようと動いた。

二〇〇三年一月一〇日。俺は恩返しすべく、ノアの日本武道館大会で三沢社長と初タッグを結成し、小橋建太&田上明組と激突した。続いて、同年五月二日の新日の東京ドーム大会に、ノアから小橋選手が出場してくれることになった。格闘技ブームに押され、プロレスが危機に瀕《ひん》する中で、団体の垣根を越えて協力し合う。ノアとの交流は本当に嬉しかったし、試合にもより一層気合が入った。

ところがドーム大会の一週間前に、俺はやってしまった。九州大会のセミファイナルで、真壁刀義選手にケンカキックを見舞った際、左足の膝を捻じってしまったのだ。前十字靭帯断裂。洒落にならない大怪我だった。

「ドーム……やっべーな」

一週間後にビッグマッチを控え、まともに歩けなくなってしまったのだ。しかし、このタイミングで膝のことを明かしてしまったら、負けた際の言い訳を用意したようになってしまう。マスコミには軽い怪我だという風に説明して、ごまかした。

怪我した翌々日。天山選手と共に博多でのタッグマッチに臨んだ。ギプスが出来ないからテーピングをぐるぐる巻きにしていたのだが、当然ながら足は動いてくれない。試合前、天山選手に言った。

「俺はドーム大会に出なくちゃいけないから、今日は九割五分頼む。それで今日は負けても仕方ないから」

試合中、天山選手が息も絶え絶えにタッチを求めてきても、俺は手を引っ込めてコーナーでの応援に徹した。

タオルを投げるな

二〇〇三年五月二日、東京ドーム。第6代GHCヘビー級王者とのシングルマッチ初対決を迎えた。怪我をしてからすぐアメリカから特別な膝用ニープレスを輸入していたのだが、試合当日に到着するかどうか微妙なタイミングだった。間に合わなければテーピングをグルグル巻きにして臨むしかないが、その状態ではまともにロープへ走ることもできない。シングルマッチだから天山選手に頼ることもできない。

祈るようにして待っていたら、試合開始三時間前にサポーターが届いた。早速装着して歩いてみる。

「おお、これはいい」

ロボットみたいにぎこちない動きにはなってしまうが、テーピングとは比べ物にならないほど、安定性があり機能的だった。

とはいえ、手負いであるのは厳然たる事実。しかも相手は小橋選手だ。片足がろくに動かない状態で向き合える選手ではない。

強さや技を魅せることは不可能だ。じゃあ何ができる？　何をすべきか？

小橋健太と東京ドームで激突。受けの凄みを見せつけ、大観衆を魅了。

俺は負けるだろう。だが負けるにしても負け方がある。負けっぷりをみせるのもプロレスの真髄だ。受けよう。受け切ることで魅せよう。プロレスは攻防だ。攻が五〇、防が五〇であれば、今日は五〇点を取りにいこう。

俺は小橋選手の向こうに、さらに手強いプロレス界の現状と未来を見ていた。この頃の新日の興行は、一大会ごとが団体の存亡を賭けたものだったといっても過言ではない。崖っぷちの状態から脱するには、答えはひとつしかなかった。お客さんに楽しんでいただくこと、喜んでいただくこと。そのためには胸が熱くなるような試合を見せること。手負いの俺に出来ることは思い切り受けること。相変わらず首に不安もあったが、ド派手に受けてやろう。そう決めたうえで天山選手に頼んだ。

「ギリギリまでやる。ただ意識がない状態で動いていたら、タオルを投げてくれ」

試合は想像以上に厳しかった。小橋選手は首に爆弾を抱える俺に、容赦なくハーフネルソン・スープレックスを四連発ぶちかましてきた。頭頂部から真っ逆さまに落ちていくたび、ガラスの首が軋む。グラグラする視界の端で、セコンドの天山選手が今にもタオルを投げ入れそうな素振りを見せていた。

「……投げるな、天山」

息が上がった俺の声は聞こえなかっただろう。払いのけるように腕を振り、睨みつけて投入を制した。まだできる。限界まで受けて受けて受けまくる。その一念が俺を支えていた。

小橋選手はさらにハーフネルソンを二連発し、俺の息の根を止めにきた。続いてショートレンジからの剛腕ラリアット。ふらふらと立ち上がった俺は目を見開いた。次の一発が最後になるだろう。歯を食いしばった。

ふたたび小橋選手の丸太のような腕が喉元をえぐり、俺はついに力尽きた。

勝ち負けを越えた先にあるもの。小橋選手と共に創ったプロレスを、お客さんはどんな風に受け止めてくれたのだろうか。

第六章

別れの夏

Chapter6 Summer of separation
2003–2008

幻の三銃士興行

二〇〇四年の年明け早々、『闘魂三銃士興行』の構想が持ち上がった。猪木さんの元秘書で、当時、新日本プロモーション代表取締役だったSさんの発案だ。

橋本選手がZERO-ONEを旗揚げし、武藤選手は全日へ移った。それぞれ別の道へ進んだ三人がデビュー二〇周年を機に、もう一度集結する。そしてK-1や総合格闘技に負けないよう、三銃士がプロレス業界に花火を打ち上げる。そんな目論見の企画だった。

「いいですね。ぜひやりましょう!」

俺は即賛成だった。離れ離れになってから、三銃士という言葉にようやく愛着を覚えるようになっていた。単なる同期ではない不思議な縁。性格もスタイルも生き方も違う三人だからこそ、絶妙なライバル関係でいられるんだと。

三銃士興行という花火を打ち上げるなら、正式発表の際には目玉になるような大きなトピックスが必要だ。俺に出来ることは何かと考えた時、答えはひとつしかなかった。引退宣言だ。以前から四〇歳での引退を思い続けてきたんだから、ドンピシャのタイミング。三人の中で一番先に、一番綺麗に散ってやろうと思った。

年明けに企画が持ち上がってから、二月には関西の大手広告代理店と打ち合わせ、大手飲料メ

公の場における最後のスリーショット
（2004年5月開催のトークショー
「三銃士サミット」より）。

ーカーのスポンサードも決まり、秋口から数回にわたって興行を打つというプランがあっという間に決まった。

全日、ZERO-ONEともにOK。あとは新日が調印するだけという段階までとんとん拍子に進んだ。しかし、新日のところで企画が暗礁に乗り上げてしまった。

新日は二〇〇四年六月から新社長に草間政一氏が就任し、経営の体質改善を図るべく、一円単位で各部署をチェックするなどシビアに改革を進めていた。昔ながらのザル勘定でやってきた中枢部の人間はこのやり方に反発し、〝商売〟と〝ビジネス〟が衝突。不透明な金の流れを草間さんが追及し、中枢部の人間たちが何人もリストラされるなど社内はより殺伐となった。

そんな状況の中で会議にかけられた『闘魂三銃士興行』企画案は、社内抗争の餌食になってしまったのだ。

反猪木派は、シビアな経営体質改善を推し進めている草間社長が、なぜ全日やZERO-ONEといったライバル団体に利益をもたらすようなことをやるのか!? と反発。結果、『闘魂三銃士興行』は新日内部の承認を得られず、そこで頓挫してしまった

当時、この結果に俺はがっくりと肩を落としたが、のちにこの興行が実現しなかったことを、より一層後悔することになる。

蝶野を社長に⁉

低迷する業界に花火を打ち上げる可能性を秘めた『闘魂三銃士興行』が潰れてしまうほど、新日社内は荒れに荒れていた。二〇〇四年六月に藤波さんから草間さんへ、二〇〇五年五月には草間さんからサイモンさん（サイモン・ケリー猪木氏）へと、目まぐるしい社長交代劇があったのだが、この当時の社内の派閥抗争はドラマ化されてもおかしくないような展開だった。

一週間前にこっち側にいた人間が、あっち側へ移る。勢力図が週ごとに書き換えられるようなカオス状態。駆け引き、引き抜き、騙し合い、寝返り。プロレスのリング上で行なわれれば盛り上がるが、会社内部でそんなことをされたら、選手側は堪ったもんじゃなかった。

もっとも派閥争いなんて、いつの時代もあった。ずっと以前から社内はごちゃごちゃしていたし、揉めてはいた。しかし興行がうまくいって潤っていたから、それらの小競り合いを呑み込む形で会社は回ってきた。

ところが、K－1や総合格闘技勢に押されてプロレス業界が冷え込み、台所事情が悪くなってくると、みな生き残りを賭けて必死になった。なりふり構わぬ保身や、えぐいほどの潰し合いにエスカレートしたのだ。その結果が目まぐるしい社長交代劇へと繋がる。

実は俺も交代劇の中に組み込まれそうになったことがあった。派閥争いの中で社長に担ぎ上げられかけたのだ。

発端はX取締役の〝飛ばし〟だった。

「蝶野が社長をやりたがっている。猪木さんも蝶野を社長にしたがっている」

そんな噂が社内に広がり始めたのだ。もちろん俺はそんなことは一言も言っていないし、ましてや社長などやりたくはなかった。完全に根も葉もない、というやつだ。

株主総会の一カ月前には、X取締役から突然電話がかかってきた。

「猪木さんがオークラで蝶野と話したいと言ってる」

「そうなんですか。わかりました。伺います」

ホテルに着き、猪木さんの待つ部屋をノックする寸前、X取締役が言った。

「蝶野。やる、と一言だけ言ってくれ」

俺は、はっきり返事はしなかった。話をする前に無責任なことは言えないからだ。

部屋に入って猪木さんと向かい合ったのだが、しばらくの間、二人とも無言だった。猪木さんは俺が「社長をやりたいです。よろしくお願いします」と言うのを待っていただろうし、俺は俺で「蝶野。おまえを社長にしようと思う」と、猪木さんがいつ切り出すのかと窺っていた。お互いに相手の言葉を待っていたから無言状態が続いたのだ。

ん？　これはおかしい。俺は気がついた。もしかしたら、猪木さんも俺もあらぬ噂を立てられ、同時に誘導されていたんじゃないか。

猪木さんも俺と同じことを考えていたようだった。

「んー、どうやらそういうことですね」

「そうみたいだな」

「まぁ、俺としては自分に出来ることはやっていこうと思っていますので」

「うん。そうしてくれ」

X取締役の飛ばしを見破った俺は、すぐに猪木さんの元を後にした。


それからしばらくして、サイモンさんを社長に推す、と猪木さんのブレーンであるYさんから告げられた。

「わかりました。サポートしていきますよ」

俺は俺なりのやり方で、新日という組織を何とか上向かせるよう尽力したいと思っていた。ところが記者会見当日になって、またしても駆け引きに巻き込まれてしまったのだ。

記者会見の三〇分前になって、Yさんが言った。

「蝶野。おまえ副社長を頼む」

「やめてください！　俺は執行役員でいいです」

「いや、頼む。副社長というポジションで新社長を支えてほしいんだ」

「いやいやいや……参ったなぁ」

間もなく会見が始まるというのに揉めても仕方がない。俺は観念した。

「……わかりました」

押し切られた形で頷いた。

「じゃあ、俺は帰るから。頼むぞ」

Yさんが帰り、間もなく会見が始まった。X取締役がマイクを握った。

「では、人事を発表します」

サイモン社長、副社長はY取締役、俺は執行役員という発表だった。ん？　俺は副社長やらなくていいのか？　まあいいや。執行役員のほうがいい。それにしても、人事がこうも二転三転するなんてどうかしている。もう驚きや呆れを通り越し、笑ってしまった。

会見後、Yさんに電話を掛けた。

「俺、執行役員って発表されたんですけど……まあ、俺はそれでいいんですけど」

「なんだってー!?　ちょっと待て！　話が違う！　すぐ確認するから！　ガチャッ……プープー」

Yさんは大慌てで人事をひっくり返そうとした。

こんな風にこの頃の新日社内では、まるで池井戸潤原作の企業ドラマみたいなことが毎日起こっていたのだ。

プロレス界の裏側

誰かがまず噂を流す。例えば、Aという役員が自分で考えたネタを話す。

「○○が離脱して、新しい団体を作ろうとしているって噂を聞いたんだけど、本当か？」

周囲は驚く。

「ええっ！　それ本当ですか？　初めて聞きましたよ！」

初めて聞くに決まっている。Aが考えたことを話しているのだから。驚いた社員が別の人間に話し、伝言ゲームのように噂が社内を回る。そして例えばマサさんの耳に届く。驚いたマサさんは、言い出しっぺの役員Aに問いただす。

「おい、A。○○が離脱して新団体作るってのは本当か？」

「ええっ！　やっぱりそうだったんですか！　いやぁ、噂には聞いていたんですよ！」

自分で噂を流しておいて、自分のところまで戻ってきたら、驚くふりをするのだ。これで『○○離脱！』という噂が社内中を覆いつくす。

俺は一度、そういう流れを全部見ていて、Aさんに突っ込んだことがある。

「Aさん、それ自分で流した噂が自分のところに戻ってきてるだけでしょ」

ただ、こうした新日本プロレス独特のやり方、体質を批判ばかりは出来ない。屈強な選手たちを抱えた会社だ。対戦カードで「あいつとは戦いたくない」などといった選手側からの主張があった時、なんとかして納得させなければならない。そのためには嘘も方便で、無理矢理にでもリングに上げなければならないのだ。

例えば、選手同士をわざと衝突させることがある。いわゆる焚き付けだ。

「おい、あいつがおまえの悪口を言ってるぞ」

と、A選手とB選手の両方に吹き込むのだ。すると二人の選手はリング上で激しくぶつかり合う。

絶対にあいつとはやりたくない、と対戦拒否をしている選手同士をぶつけるためには、こんな言い方をする。

「A君、Bのやつがおまえのことを認めてるよ。いい選手だって」

「そうっすか。あいつがそんなことを……」

そして、Bにも同じことを言う。すると二人は対戦を受け入れ、かつ良い試合をするのだ。

あるいは、こんなやり方もあった。

「A君、猪木さんがすごい評価してるよ」

「本当ですか！」

A選手の顔は一瞬で笑顔になる。

「うん、褒めてたよ。この調子で頑張ってよ」

「頑張ります！」

A選手はこの夜の試合で異常な頑張りをみせるのだ。ちなみに猪木さんがA選手を褒めた事実はない。この場合は、A選手が褒められて伸びるタイプなのだ。逆に叩かれて伸びる選手の場合は、「猪木さんは全然認めていない」と言えばいい。

ちなみに選手たちは多かれ少なかれ、自分に対する猪木さんの評価を気にしているものだ。内容が良くない試合の場合、猪木さんは名指しで「なんだ、あいつは」「なんだ、あの試合は」と批判する。試合内容が良い場合は、何も言わない。褒めることもない。つまり、批判がない場合は合格ラインということだ。

俺の場合だと、例えば、東京ドームでの三沢戦、小橋戦などは試合内容、現場監督と選手の両立、客の入りなどに批判はなかった。だから及第点はとっていたのだろう。

そんな嘘も方便なやり取りは、他人事として見ている分には笑えるのだが、いざ自分に降りかかってくると至極面倒くさい。何が真実なのか、誰が味方で敵なのか混乱してくる。だから社長に担ぎ上げられそうになった時も、俺は一瞬混乱した。

「あれ？　俺、自分で社長になりたいって言ったっけ？　言ってないよな？　あれ？」

俺は社長をやる気なんて毛頭なかったのだが、周囲が「猪木さんが蝶野さんを社長にしたがってるって聞きました。やっぱりすごいですね」とか、「社長候補の一人に上がってるみたいですね。信頼されてるんだなぁ」などと言われれば、断ればいいだけであって、そう言われること自体は気分は悪くない。しかし、言われ続けていると「ちょっとやってもいいかな」と勘違いを起こしてくる。これが怖いし、これが噂を流すという戦法の真髄なのだろう。

こういう噂の流布というのは、戦国時代には当然のように行なわれていたらしいし、極道の世界なんかでもあるらしい。つまり男くさい戦いの世界では、よく見られることなのだ。俺も不良時代に経験してきた。

「あいつはヤベーから、気をつけたほうがいいよ」

こんな風に武勇伝や名前が轟いているようなヤツというのは、実際に会ってみると拍子抜けすることが多い。

ガセネタをうまく吹いて回る焚き付け屋がいるのだ。だから実際には弱いヤツでも噂に尾ヒレがついて、関東最強なんて話になってしまうのだ。

実際には一対五だった喧嘩が、一対一〇になり、一対一〇〇になり、最終的には五〇〇人を相手にしてもひるまなかった、なんて武勇伝にもなる。

そんな風に話が大きくなってしまったことが俺自身にもあった。高校一年生当時、京王線沿線の仙川というところで地元のチンピラと喧嘩になり、相手が五、六人だったために袋叩きにされてしまった。

俺は仕返しをするために仲間に声を掛けた。すると仲間が仲間を呼び、気が付くと京王線沿線に住むいろんな高校の連中が、二〇〇人くらい集まってしまった。

相手も八〇人ほどが集合。お互いに武器を携帯した状態で、千歳烏山の駅前で睨み合いになった。そんな大事になっているとは知らなかった俺は、普通に登校していたのだが、授業中に校長に呼び出しを食らった。首謀者であることがバレたのだ。

「蝶野君。いま警察から電話があったんだけど、君は喧嘩の件に関係しているの？」

「……いや、何のことか全く知りません」

冷や汗をかきながら、しらを切った。結局、千歳烏山駅前の睨み合いは警察によって解体され、俺は調布警察で事情聴取を受けることになった。

そんなことがあって、俺が高校を卒業する頃には「蝶野は京王線一家の親分だ」という噂が広まっていた。

五、六人に袋叩きにされて、やり返すから応援頼むと言っただけ。それがなぜか二〇〇人を従える一家の親分になってしまう。不良の世界ではこんな風に話が大きくなってしまうことが多々あった。

さらば戦友

二〇〇五年七月一一日。昼の一一時過ぎ。アリストトリストの事務所へ向かおうと自宅を出る準備をしていた時、ケータイが震えた。着信画面には「坂口征二」という文字。

「……はい、もしもし」

「……蝶野、おまえ知ってるか？」

なぜか胸騒ぎがした。

「え……何がですか？」

「……橋本が亡くなったかもしれない……おまえ何か聞いてるか？」

「……え……本当ですか？　え……え……」

坂口さんと話しながら、この数カ月の出来事がフラッシュバックした――。


ライバル団体に利益をもたらすようなことはしない、という理由で『闘魂三銃士興行』が立ち消えになった後も、俺は三人が一堂に会する機会をうかがっていた。そして五月に新日が主催する東京ドーム大会に武藤選手と橋本選手を呼び込もうと目論んでいたのだ。

当然、会社は反対するだろう。そこで俺は自らの引退発表をぶつけてやるつもりだった。団体間の対立枠を飛び越えて三人が同じリングに立つためには、俺自身の引退を賭けるしかない。つまり、引退を盾に新日を動かしてやろうと思ったのだ。

しかも武藤選手と橋本選手には、俺が引退発表することは秘密でオファーをかけた。当日のリング上でいきなり引退を発表し、驚かせてやるつもりだったのだ。「え！」と目を見開いている二人に向かって、「俺と戦え！」と宣戦布告して、その後の大会で二人と引退試合を行なう。そんなプランを立てていたのだ。

きっと二人は引くに引けない仕掛けに驚き、そして悔しがるはず。この騙し合いこそがプロレスなのだ。

全日本プロレスはすぐに了承してくれたが、橋本選手の返事ははっきりしなかった。肩を負傷し、会社側とトラブルを抱え、多額の負債を抱えていたため、表に出るに出られない状況だったのだ。

「蝶ちゃん……そんなわけで、いろいろゴチャゴチャしてるから、悪いけどドームには行けそうにないんだよ」

電話口の橋本選手の声は消え入りそうだった。

「プロレスラー橋本真也をリングの上で見せなきゃダメだよ！　じゃないと、何も始まらないって。夏には復帰するつもりでいるんだろ？」

「うん……夏には復帰したいね」

「じゃあ、五月のドームはいい宣伝になるじゃん！　それにこのタイミングで三銃士が揃ったっていう既成事実を作っておけば、今後のブッチャーの興行に俺たち協力できるかもしれないだろ？」

「……まあそうだね。そこまで考えてくれて嬉しいよ」

「じゃあ、来てくれるよな？　ドームで待ってるから」

当日。

「蝶ちゃん……ごめん。やっぱ俺、行けない……」

ドームに向かっていたにも関わらず、橋本選手は断りの電話を入れてきた。

それから一カ月後の六月。一緒に食事をした。

「蝶ちゃん。いろいろ相談に乗ってほしいんだ」

「何でも聞くよ」

「これからハッスルを巻き込んでビジネスしていこうと思ってるんだけど、どう思う？」

「いいじゃん。ブッチャーはそうやって、リングのことだけ考えてりゃいいんだよ。もうゼロワンの中のことをグチャグチャ言うな。恨み節になっちゃうだけなんだから」

やがて話題は体調のことへ及んだ。

「参ったよ、蝶ちゃん。最近、全然眠れないんだ。不整脈もひどくてさ。心臓が参っちゃってるんだよね……七月末にカテーテルを入れる手術の予定なんだよ」

「カテーテル？　そこまで悪いのかよ。大丈夫か？　無理すんなよ……」

そして、この七月一一日、坂口さんから橋本選手が亡くなったかもしれないという電話があったのだ。

もちろん信じたくはなかった。嘘であってほしい。周りが大騒ぎした挙句、ひょっこり現れてほしい。そう思う反面、橋本選手の心身共に弱り果てた姿を見てきた俺は、怖いほど確信に近いものを抱いていた。きっと、本当に死んでしまったんだろうと。

「いや、こっちもまだ正確な情報はわからないんだ。蝶野。おまえ、確かめられないか？」

「はい。確認してみます」

「頼む」

坂口さんとの電話を切り、橋本選手の番号を表示させ、通話ボタンを押した。

「……蝶野さんですか？」

電話に出たのは、橋本選手が当時付き合っていた彼女だった。

「橋本選手は……」

「……まだどこにも情報出してないんですけど……蝶野さんだから、お話ししますけど……実は今朝……」

「……うん……」

「……ウッ」

そこからはしばらく会話にならなかった。電話の向こうで女性が泣き崩れていた。ああ、本当に死んじまったんだな……そう思うと俺も目元が火照ってきた。

「……なんか俺に出来ることがあったら」

「……内密にお願いします」

内密にしなければならないのはなぜだ？　ああ、そうか。橋本選手は女性関係が派手だった。

俺が掛けた電話に出たのが奥さんではなく、別の女性だったことがすべてを物語っていた。それに負債の件もあり、死が知れ渡れば貸主が騒々しくなることは間違いない。そういった諸事情があるから、内密にしたい気持ちはわかったのだが、有名人が亡くなればマスコミを通して広く知れ渡るのは時間の問題だろうとも思った。

案の定、しばらくしてマスコミが情報をかぎつけ、大きな騒ぎになった。マルティーナと共に病院へ駆けつけると、坂口さんが取材陣に囲まれていた。

「大騒ぎになってるな……」

俺が思わず呟くと、隣に立っていた会社の宣伝部の人間が言った。

「坂口さんにマスコミを引きつけてもらってるんです」

「引きつけてる？」

「はい。橋本さんの御遺体は、もう病院にはありません」

「え？　じゃあ今は？」

「おそらく検死のために警察のほうに移送されたと思います。ですから蝶野さんは警察のほうへ向かっていただいたほうが」

「わかった」

車へ乗り込もうとすると、近くに停まっていた一台のセンチュリーから目つきの鋭い人が降りてきた。

「蝶野さん」

「……はい」

「橋本さんはもう警察から、遺体安置所のほうへ移されてると思いますよ」

「……あ、はい。ありがとうございます」

そんなやり取りの後、運転しながらマルティーナと話した。

「目つきが鋭かったわね」

「噂通りだな……もう取り立て屋が来てるのか」

のちに判明するのだが、その目つきの鋭い人はある会社の社長さんで、橋本選手のことを資金面も含めて支援している、いわゆるタニマチだった。闇金に手を出して取り立てにあっているなんて、噂に過ぎなかったのだ。


夏の夕暮れ。タニマチの社長さんが言っていた通り、検死が終わった橋本選手の亡骸《なきがら》は警察から葬儀社の安置所へ移送されていた。

享年四〇。死因は脳幹出血ということだった。突然逝ってしまった。早すぎる。団体としては生き残りをかけた潰し合いの関係だったが、経営とトップレスラーを兼任する立場は同じだったし、何より同期の仲間として何かもっと手伝えることはなかったか。協力できることはなかったか。思い返せば五月の東京ドーム大会が最後のチャンスだったことが悔やまれた。

ZERO-ONEが分裂する前に、何か手伝ってあげられなかったか。仲直りさせるなり、新日に呼び戻すなり、何か協力できることはなかったか。心身ともに追い込まれてしまう前に、もっと話だけでも聞いてやれば……悔やんでも悔やんでも、もう二度と橋本選手が目を覚ますことはない。俺は両手で顔を覆った。

「……そういえば……」

ひとつ気になることがあった。橋本選手は一一日の朝に突然倒れた。じゃあ、その前日の一〇日はどう過ごしていたんだろう？　俺は当時の彼女に尋ねた。

「橋本選手、最後の食事は夕食？　腹いっぱい食べてたのかな？」

「ファミレスで目いっぱい食べてました」

「そうか……じゃあ良かった。あいつ、腹減った状態で死んじゃったら、恨んで出てきちゃうからさ」

女性関係が複雑になっていた事情等もあり、葬儀に関してもデリケートな部分があって、何か手伝いたくても手伝えない状況だった。俺は関係者と混迷を極める葬儀について、そして今後の状況処理について話し合った。

「悪いことしかしなかったよね。いいことなんかひとつもしねーで、迷惑しか掛けなかったよな」

「葬式に家族を呼べない状況ってどういうことだよ……ホント最後まで迷惑なやつだよな。何が

2005年7月16日、故橋本真也氏の
告別式に参列。

どうなってるんだ。まあ、最後もあいつらしいけどなぁ」

「取り立てもこれから押し寄せるだろうしな」

「坂口さんも、関わんねーほうがいい、って言ってたよ」

「爆弾だよ、あいつは」

「死んでも笑わせてくれるよ」

葬儀代にしても会社側と対立していたから社葬というわけにもいかない。一体誰が払うのかと思っていたら、タニマチの社長さんが全部払ってくれたようだった。

あんなに賢くてあんなに馬鹿なレスラーはいなかった。歴史ものが好きで読書家だったし、発想や戦略は天才的だった。その一方で、調子に乗って暴走し、ルール無用で人に迷惑をかけまくる。まるで二重人格だったが、そこがたまらなく魅力的なレスラーだった。

全くややこしいことをしてくれたな。最後までお騒がせなトンパチだったよ、おまえは……。

葬儀の後、葬儀場からほど近い横浜の中華街でミーティングをした。武藤選手や小川選手など生前に橋本選手と交流のあった者が集まり、青山で合同葬をやろう、と決まった。急すぎて葬儀に参列できなかったプロレスファンたちのために、お別れのセレモニーをやろうという意見で一致したのだ。

そして、二〇〇五年七月三〇日。青山葬儀場で合同葬が執り行なわれた。

正直、あまり記憶がないのだが、小川選手が発起人として積極的に動いていたのが印象的だった。小川選手は小川選手で、俺たちにはわからない特別な感情があったんだろう。

『爆勝宣言』はやめてくれ

悲しみは遅れてやってくる。時間が経つにつれ橋本選手の死を実感し、俺は寂しさに蝕《むしば》まれていった。無気力に陥り、何をするにも心ここにあらず。リングに上がる気力も失せてしまった。今年のG1は辞退しよう……。そもそも引退を考えていたところに、同志との死別が舞い込んできた。こんな心理状態でリングに上がることはできない。出場選手たちに迷惑をかけてしまうし、何よりファンに見せられるような試合なんてできそうにない。

もう引退時期の件もどうでもよくなっていた。別に明日でもいいし、一年後でもいい。引退どうこうの前に、もう自分が溶けてなくなってしまいそうだった。

俺が塞ぎ込んでいくのと裏腹に、マスコミは『迫るG1　橋本のために蝶野が立ち上がる』なんて調子で書き立てた。会社からも「橋本さんのためにも、何とか踏ん張ってください」なんて説得された。

スタッフの思いもマスコミやファンの気持ちも充分に理解できた。まるで映画や漫画のような弔い戦であり、美談だ。俺がプロレスファンだったとしても、胸を熱くしながら状況を見守ったことだろう。ただ、選手たちにとってみればたまったもんじゃなかった。特に橋本選手と距離の近かった選手たちは、心に深手を負って体に力が入らない状態だったのではないか。まさに俺がそうだった。

ギリギリまで迷ったが、俺は出場を決意した。ファンが望むならプロレスラーとしては戦うしかない。みっともない姿を見せてしまうかもしれないが、逃げるわけにはいかなかった。

八月一四日。準決勝で中邑真輔選手に勝ち、優勝決定戦に駒を進めた俺に音響のスタッフが言った。

「入場曲の件なんですけど……最初は蝶野さんの『CRASH』で、途中から橋本選手の『爆勝宣言』に替えようと思うんですけど」

「駄目だ！　それは絶対にやめてくれ！　試合に集中できなくなる。それだけは絶対にやるな！」

「……いや、でも……」

「絶対にそんなことしないでくれ！」

俺はさんざん釘を刺したのだが、いざ入場の際には『CRASH』から、途中で『爆勝宣言』に替わった。

「あれだけ言ったのにやりやがったな……」

絶叫に近い大声援の中で俺は唇を噛んだ。せめて試合の時だけでも橋本選手のことを忘れたかったのに……。センチメンタルな気持ちでリングに上がれば体に力が入らないし、そうなれば怪我をしてしまう。

「勘弁してくれよ……」

リングに上がった俺に、悲鳴に近いような声援が降ってきた。「橋本真也のために戦ってくれ！」「橋本真也のために優勝してくれ！」そんなファンたちの思いの結集が大きな塊になって、俺を飲み込もうとする。

ダメだ。集中しろ。いつも通り、ひたむきに。そう自分に言い聞かせ、藤田和之選手との決勝戦に臨んだ。

「うっ……！」

開始早々、グラウンド状態から藤田選手の膝蹴りが目に入り、視界がぐちゃぐちゃに壊れた。焦点が合わない。藤田選手の姿が三人にも四人にも見える。

小橋戦も直前に膝を壊してしまったが、今回は試合中に、よりにもよって目だ。俺は肝心な時にいつも怪我をする……だが、腐っていても仕方なかった。もうなるようにしかならないと腹を括った。今まで怪我に苦しみ続けてきたレスラー人生は無駄ではなかったのだ。こんな状態でも俺は焦ってないいんだから。そう開き直った。

それにしても橋本選手と関わるとロクなことがない。とんだ置き土産だ。もう構わずいけるところまでいくしかない。残像なのか、本像なのか、見分けのつかないまま、無我夢中でケンカキックを繰り出した。

「グァ！」

藤田選手の呻きが聞こえた。シューズの裏にずっしりとした手応えがあったから当たったはずなのだが、どこに当たったのかわからない状態だった。

漫画や映画なら、死んだ友が力を与えてくれる、なんて話になるんだろう。しかし、俺は試合中に橋本選手のことを思い出すことはなかった。ただひたすら無我夢中で戦った。藤田選手は強い。次の一発でリング上に伸びてしまうかもしれないと何度も思ったが、怖くはなかった。何も怖くなかった。

試合は藤田選手の激しい攻撃を何とか凌ぎ切り、渾身のシャイニングケンカキックを炸裂させて俺が勝った。

勝負が決した後、俺はマイクを握った。

「今年のG1は、本当に厳しい試合ばかりだった。オレは敵味方関係なく、G1に参加した全員をプロレスラーとしてリスペクトするよ！　俺は二一年プロレスをやってきて、そこでいろんな選手と戦ってきて、そして気づいたらライバルになっていて、プロレスから多くのことを学びました。俺は本当にプロレスに感謝している。プロレスよ、ありがとう！　それから、もう一つ！　何かもう一つ違う力がオレの背中を押してくれた。おい橋本！　二〇〇五年G1チャンピオン、I am CHONO！」

橋本コールが巻き起こり、『爆勝宣言』が鳴り響く中、俺は花道を帰った。橋本選手はこの光景を天からどんな風に見下ろしていたのだろうか。

2005年8月、ファンの期待を一身に背負い、G1決勝で藤田和之と対決。

シャイニングケンカキックで藤田
を下し、四度目の優勝を果たす。

控室に戻ると、藤田選手が顔を歪めながら呟いた。

「蝶野さん、顔面は勘弁してください……」

ケンカキックがモロに顔面に入ったらしい。

「おまえの膝蹴りが目に入って、何も見えなかったんだ。ロープもどのへんにあるのか、わからなかったんだよ……」

「え？　見えてなかったんですか？」

この時に痛めた右目は斜視になり、俺の残り少ない選手寿命をさらに縮めることになった。

生まれるものと去っていくもの

二〇〇六年七月、不妊治療の末に結婚一五年目で第一子となる息子が、三年後の二〇〇九年八月には第二子となる娘が生まれた。

実は俺は子供のことが昔からそんなに好きではなかった。しかし出産に立ち会い、産声を聞いた時には涙が溢れた。

橋本選手の死からちょうど一年後に生まれた新しい命。俺はいよいよ現役引退を意識し始め、年間試合数を八〇試合にまで減らした。子供に物心がついたときに、よれよれの姿を見せたくないと思ったのだ。

だから第一子誕生の一カ月前に、俺はボロボロだった肘を手術した。それは残り少ない現役生活のためでもあったが、まずはこの腕で子供をしっかり抱きたい、という思いからだった。

同志が天に召され、一年後に新しい命が生まれ、そして、その一年後にはひとつの歴史が終わることになった。新日本プロレスの身売りだ。

二〇〇七年三月にサイモン社長が退任し、次に菅林君（菅林直樹氏）が社長を代行することになった。

もう社長交代劇には慣れっこになっていたのだが、ある役員から「一一月頃が危ない」と聞かされた。

「危ないって、噂は今に始まったことじゃないでしょ」

「いや。今回は本当にまずいんです。一億円近くショートしていて、今度こそ本当に会社が飛ぶかもしれません」

「マジかよ……」

「身売り先も三つほどに絞られてます」

会社が飛ぶタイムリミットギリギリで、菅林社長が見つけてきた身売り先で決着をみた。実質的オーナーだった猪木さんの全保有株を、ゲーム会社のユークスが買い取ったのだ。

二一年前に入団した時から、俺は創業者・アントニオ猪木を、大親分だと思ってきた。だから猪木さんが「一〇億円持ってこい」と言えば、工面するしかないという意識でやってきた。創業者が「会社を潰すぞ」と言えば、それも仕方ないことだと。

その猪木さんが新日から身を引いた。何の説明も挨拶もない突然の別れ。ピンと張り詰めていた糸が切れるように、俺は体の力が抜けた。

とはいえ、残った者として、ここで投げ出すわけにはいかない。武藤選手は出て行ってしまったし、橋本選手はこの世からいなくなってしまったのだ。俺は新オーナーとなったユークスの谷口社長と膝を突き合わせた。

「社長。今後、新日をどんな形で、どうしていきたいですか？」

「蝶野さんはどうお考えですか？」

「ゲーム会社ですから、ゲームとプロレスのリンクを生かさない手はないと思います。会社の利益になるように、現場が合わせて動いていくのは構わないです。選手一同、その流れに協力しますよ」

「いや、そうではなくて。我々としては純粋に、新日というプロレス団体を救うためにホワイトナイトとしてやってきただけです」

谷口社長の口からは具体的な方針は出てこなかった。

二カ月ほどして、また訊ねたのだが、やはり具体的な話は出てこなかった。今はまず会社の内部補修や調整をやっていきます、という返答だった。

俺は経営方針をはっきり打ち出してほしかった。新日は格闘技路線に走ったことで軸を失い、傾いていった。だから団体としての軸を取り戻さなければならない。

俺はその思いを熱っぽく伝えた。しかし、返答は変わらなかった。会社としての体制を整えるのにもう少し時間が掛かる、ということだった。

五年くらいかけて補修したら転売するつもりだな、と思った。それならそれでもいい。ビジネスなんだから、うちはM&Aの会社なんだ、と言ってくれればいいのだ。そうすれば俺も協力の仕方を考え直すつもりだった。現に俺は、

「新日という会社で一番補修しなければならないのは、営業部です」

という進言もした。発券も集金も手作業でやっている実態が見えない部署だったからだ。俺は古い考えの人間だから、利益が選手に還元されていれば、営業部がどんな体制であっても構わないと思っていた。毎週末にゴルフに行っていようが、高級外車に乗っていようが構わない。彼らが忙しく飛び回っている姿を見てきたし、感謝もしてきた。しかし二一世紀になってアナログな体制のままでは社会に取り残されてしまうし、また同じ過ちを犯してしまう。その危惧は持っていた。

会社の体制補修をしっかりして、より高く売れたほうが俺も嬉しい。しかし、ユークス側は「転売したいわけでない」と繰り返し言う。結局、最後まで腹を割ってくれなかった気がする。俺はこの頃から徐々に会社と距離を取りはじめた。

新日はそれから六年後、株式会社ブシロードグループパブリッシング（現：株式会社ブシロード）へ転売された。

ビンタおじさん

二〇〇七年の大晦日。俺は日本テレビ系列の『絶対に笑ってはいけない病院24時』に〝武闘派医師〟という設定で出演した。以降、毎年この「笑ってはいけないシリーズ」にレギュラー出演することになる。

俺はずっとテレビ出演、特にバラエティ番組などへの出演は避けてきた。かつて橋本選手からの紹介という形で『笑っていいとも』に出演したこともあったが、全然喋らずにタモリさんを困らせてしまった。

また、マルティーナにさんざん説教されたこともある。

「武藤さんや橋本さんは積極的にバラエティに出てるのに、あなたはどうして出ないの？　人気商売なのにおかしい」

俺は変に古風なところがあって、レスラーはバラエティなんて出るもんじゃない、と思っていたのだ。リングこそがレスラーの仕事場であり、他のメディアに露出するなんてカッコ悪いと。

しかし四十路に入り、プロレス人気の低迷を受け、考え方が変わっていった。マルティーナの言う通りなのだ。プロレスのコアなファンは、リング上を充実させていれば付いてきてくれる。しかし新たなファンを獲得するためには、広く露出していく必要がある。それに出演を依頼してもらえるなんて、有難いことだ。くだらない美学やプライドでオファーを断るなんて傲慢にも程がある。そう考えられるようになった。

とはいえ、バラエティなんて不慣れでどうしていいかわからない。今や恒例となったビンタは、言わずもがな猪木ビンタのパクリだが、最初は「乱暴なことはやりたくないです」と番組スタッフに抵抗していた。

「わかりました。では、ロケ当日になっちゃいますけど、ビンタに替わる何かを話し合いましょう」

そう言われて収録に臨んだのだが、現場は打ち合わせどころではなかった。朝六時入りで大勢のスタッフが慌ただしく動いていたから、とてもじゃないが話し合っている時間などなかったのだ。台本にも〝山崎　ビンタ〟としか書かれていなかった。

本番直前になって、

「方正さんのポケットにハンカチを入れてあるんで、それをきっかけにビンタまで持っていってください」

とだけ説明され、訳がわからないまま本番を迎えることになってしまった。直前の収録で江頭君（江頭2：50）があまりウケていなかったから、俺が盛り上げてやろうと気合を入れた。しかし、笑いを取りにいくべきなのか、真面目にやることで笑われるほうがいいのか、そのへんはよくわかっていなかった。

方正君にビンタをする前に、エキストラの男性にビンタを見舞うという演出だったのだが、これが困った。明らかに年配者だったのだ。

「この方では、叩けないですよ」

と固辞し、急遽若い人に替えてもらった。

さらに、一般の人にビンタなどしたことがないから加減に迷った。頬を張ったら鼓膜が破れてしまうかもしれないから、首元に近いところを、力を加減して張った。すると男性が脳震盪を起こしてしまった。もちろんカットだ。

だから方正君にビンタするときも、力加減に細心の注意を払った。もう必死だった。

また、二〇〇一年の大晦日に放映された『絶対に笑ってはいけない空港24時』は茨城空港で撮ったのだが、これも大変だった。

「おまえが犯人なんだろ！」

と怒鳴り、方正君にビンタをする直前までいった時、港内が突然真っ暗になった。

「え？　停電!?」

「最悪やー！」

電灯の復旧を待ったのだが、なかなか戻らない。茨城空港は零時三〇分になると自動的に消灯されるらしい。この日はロケ時間がオーバーしていたため、収録中に消灯してしまったわけだ。

ロケ時間がオーバーすることなんて業界では常識。空港側との打ち合わせが不十分だったと言わざるを得ない。浜ちゃんも松ちゃんもプロデューサーも怒り心頭だった。俺の元にプロデューサーが謝りにきた。

「蝶野さん、すみません！」

「いやいや、しょうがないですよ」

「水銀灯なんで、復旧に三〇分ほどかかるんです！　ほんとすみません！」

「大丈夫ですよ」

「一番テンションが上がる場面なのに、すみません！　もうビンタじゃなくて、グーで殴っちゃってください！」

「いや、山ちゃんは関係ないでしょ！」

俺は本当はビンタなんてやりたくないのだ。リング上でもほとんどやったことはないし、親にもされたことはない。自分の子供にも絶対に手は挙げない。だから毎年オファーが来るたびに断ってきたのだが、もう恒例行事になってしまった。

なぜビンタするのが嫌なのに結局出演し続けているかというと、多くの視聴者が毎年大晦日を笑って過ごしてくれるからだ。プロレスと同じで、観ている人に楽しんでもらいたい、その一心だけだ。だから方正君が嫌がって逃げ惑う姿をいかに引き立てられるかを考えているし、方正君と一緒に笑いを創り上げているという意識でいる。

俺がプロレスラーだったことを知らない若い世代の人たちからは、〝ビンタおじさん〟と呼ばれているらしいが、それで構わない。みんなが大晦日を笑って過ごせる平和な日本であってほしい。心からそう思う。

第七章

25年目の真実

Chapter7 The truth in the 25th
2008-2013

激震

二〇〇九年六月一三日。東海地方での興行からの帰り道。俺たちを乗せた巡業バスは東名高速を上って東京に向かっていた。

「蝶野さん！」

「ん？　どうした？」

「今、電話があったんですけど、三沢さんが病院へ運ばれたらしいです」

「ええ！」

バス内が騒然となった。

「何があったんだ？」

「詳しいことはわからないんですけど、試合後に救急車で……意識がないらしいです……」

東京へ着くまでの間、詳細が伝わってこなかった。ただただ無事でいてほしい、そう祈り続けるしかなかった。

自宅に帰ったのが深夜一時過ぎ。ケータイに連絡が入った。

「三沢さんが……」

「……そうか」

警察発表によれば、死因はバックドロップによって頭部を強打したことによる頸髄離断《けいずいりだん》であった。三沢社長はおそらく、受け身をする際にもう踏ん張りが効かなかったのではないか。グッと力を込めて首と後頭部を浮かせて衝撃を逃がす、その一瞬の力が入らず、まともに強打してしまったのではないか。直感的にそう思った。

バックドロップを受ける前に、試合のどこかで脳震盪を起こして意識が朦朧《もうろう》としていたんじゃないか。三沢社長は俺と同じように、歴戦の中で頸椎をさんざん痛めていたはず。朦朧となっていて受け身がとれず、ダメージが蓄積している頸椎に力が加わったんじゃないか。意識がはっきりしていれば、しっかり受け身をとっていたはずだ。ましてや三沢社長は受け身が抜群にうまい選手なのだから。

意識があるかないかをレフェリーが判断することは難しい。「大丈夫か？」と訊ねても、意識がないまま「大丈夫」と答えるのがレスラーの習性だ。俺も東京ドームでベイダーと戦った時、意識が飛んだまま試合をしていた。

知り合いの社長さんで、頸髄離断した方がいる。酔ってタクシーに乗ったのだが、ちょっとした段差で車が跳ねた、たったそれだけのことで半身不随になってしまった。意識がない状態だと、ほんの少しの衝撃でも致命傷を負うことがあるものなのだ。

三沢社長はほとんど意識のないまま試合をしていたのではないかと思われる。では、なぜそんな状態になったのか？　心労だ。怪我で体がボロボロの上に、心も疲弊していたに違いない。

この頃、三沢社長率いるノアは苦しんでいた。小橋選手が病気で離脱。秋山選手が必死に頑張ってはいたが、潮崎選手ら後進がまだ育っておらず、選手不足は否めなかった。そして、二〇〇八年には日本テレビとの契約も切れた。

経営状態が悪化したため社員をリストラしなければならない、という噂が俺の耳にも入っていた。人情に篤《あつ》い三沢社長にとっては断腸の思いだったろう。そんな矢先の事故だった。社長としての心労が遠因になった、つまり死因こそ違えど、心身困憊だった橋本選手と状況は同じだったのではないかと思うのだ。

満身創痍だった三沢社長が、リングに上がるためにすべきことは三段階あったはず。第一は治療。第二は安静と回復。第三はトレーニング。

三沢社長はおそらく、ひとつも出来ていなかっただろう。社長業に忙殺される毎日だったはずだ。興行先で挨拶まわりをし、入出金の名簿を眺めてはため息をつき、リストラ問題に頭を抱え、夜もろくに寝られず、食欲もどうだったか怪しい。付き合いも含めてよくお酒は飲んでいたらしいから、ちゃんと食べていなかった気もする。とにかく酷いコンディションでリングに上がり続けていたんだろう。

社長業で心がボロボロになり、試合で怪我をして体もボロボロになり、それでも看板レスラーとして休むわけにはいかない。もういつ心身が破綻してもおかしくない状態だったはずだ。

俺はゾッとした。三沢社長は俺の一歳上。同世代といっていい。三沢社長ではなく、俺でもおかしくはなかった。次は俺かもしれない。明日、俺がそうなるかもしれない……。

橋本選手が亡くなった時はしばらくの間、虚脱感に襲われた。三沢社長が亡くなったことを知った時、俺の心を支配したのは恐怖だった。たまらなく怖かった。

いよいよだ。もう本当に引退を考えなければならない。強くそう思った。

終わりは始まり

いつまでリングに上がることができるかわからない……俺はカウントダウンに入った。ひとつひとつの試合を大切に、真剣に、そして激しくも安全に戦うことに集中した。

三沢さんが亡くなって四カ月が経とうとする一〇月三日には、ノアの大阪府立体育会館で行なわれた三沢光晴追悼興行に参戦した。小橋選手、潮崎豪選手とトリオを組み、斎藤彰俊選手、モハメド・ヨネ選手、力皇猛選手のチームと戦った。

七年前の二〇〇二年五月の東京ドーム大会。今にも沈みそうだった新日という船を助けてくれたのはノアの方舟に乗った三沢社長だった。そんな三沢さんが遺したノアに少しでも力になることが恩返しであり、供養になると思った。

追悼興行から九日後の一〇月一二日には、自主興行『蝶野正洋25周年特別興行 ARISTRIST in

両国国技館』を開催した。

この頃の新日マットの主流は、中邑真輔選手、棚橋弘至選手らの世代に移り変わっているところだったが、当時はまだまだ集客力が弱く、会社は毎年一〇月に開催する両国国技館大会の中止を検討していた。

かつては恒例の1・4以外に、春と秋にも東京ドーム興行を打っていたが、両国国技館へと箱の規模を落としていた。さらに、その両国もきつくなってしまったわけだ。

「キャンセルするくらいなら、俺にやらせてくれませんか。ちょうど二五周年の節目でもありますし」

興行権を新日からアリストトリストで買い取ったわけだ。俺は武藤選手、小橋選手と組み、第三世代の中西選手、小島選手、秋山準選手組と対戦。またしてもノアに力を借り、おかげで満員にすることができた。

そして年が明けて二〇一〇年。一月末日をもって、俺は新日本プロレスを退団した。

一月二一日に開催した二五周年記念パーティーでの記者会見で、退団の理由をこう述べた。

「身体をもう一回作り直す……リビルドですね。そういう期間をとりたかったんで、いい機会だな、と。何度か大きいケガはしましたけど、リング上でリハビリやってるような状況だった。だから一度休んで、そこをしっかり直していきたい、と」

これは本音だった。そしてもうひとつの理由は、会社とのすれ違いだった。

「会社は会社の、俺は俺のやりたいことがある、俺は俺の道を行かせてもらうというか……ただ、

プロレスラー生活25周年を記念した大会を成功させる。
試合後、家族と記念撮影。

自分の中では気持ちを引き締めて、仕切り直しの出陣というつもりですね」

再三話し合ってきたが、ついにわかりあえなかった。

「新日本プロレスのレスラーとしての活動においては休業になりますが。基本的に二月からはフリーということです。今はプロレス、タレント業、アリストトリストの経営、その三つが柱なんですけど。自分はプレイヤーに徹するのだけがプロレスだとは思ってない。プロデュースやプロモート業、そこも含めてプロレス活動になってますし、そのへんで動いているところもあります。今後は団体の壁を越えた活動をしたいと思ってます」

戦う場所はリングだけではない。男は年を重ねていくごとに、戦う場所、戦い方を変えていくものだ。

俺は次のステージを見据えていた。

新たなる挑戦

かつて馳選手がバックドロップを受け、試合から約四〇分後に会場で倒れたことがあった。心肺停止したのだ。

幸いにも蘇生し、1シリーズほど休んで復帰することができた。しかし、馳選手はしばらくの間、試合前になると吐いていた。また心臓が止まるかもしれない――その恐怖でリングに上がる前に嘔吐してしまうのだった。

運良く一命をとりとめた馳選手と三沢社長は紙一重の差だったと思う。いや、プロレスという究極のコンタクト競技においては、事故はいつ誰の身に起こってもおかしくはない。首に爆弾を抱えた俺にしたって運良く生きているだけだと思うし、どこにも故障を抱えていないレスラーなど存在しないのだから、すべてのレスラーに危険性はあるのだ。

もう二度と繰り返してはならない。どうにかしないといけない。三沢社長が亡くなった二〇〇九年の年末あたりから俺は、

「業界に選手の健康状態をチェックする機構を作ろう」

と声を上げてきた。

各団体がドクターを雇う形では強制力が弱い。看板レスラーが「出る！」と言い張ったら誰も止められないからだ。利害関係のない完全な第三者機関を設け、リングに上がれる状態か、上がってはいけない状態かをシビアに診てもらう。ドクターがダメだと言えば、その日はリングに上がってはいけない。そういう強制執行力を持つシステムを作りたいと思った。

三沢社長にしても、誰かストップをかけられる人間がいれば事故は未然に防げていたかもしれないのだ。

何か俺にできることはないだろうか？　いろいろ調べていくうちに〝救命〟というキーワード

に行き着いた。

三沢社長が倒れた日。リング上では救急蘇生の措置が施された。周囲のレスラー、レフェリー、スタッフらの対応は間違っていなかったのだ。それでも助からない命がある。だったらなおさら、みんなでもう一度勉強し直したほうがいいのではないか。

新日を退社してから二カ月後の三月九日。俺はボクシング元世界王者の飯田覚士さん、元ラグビー日本代表の箕内拓郎さんなど、様々なスポーツ界の人たちに声を掛け、東京消防庁の普通救命講習を受講した。

心肺蘇生の方法や、AED（Automated External Defibrillator）の使用方法などを教わった。AEDというのは心室細動に陥った心臓に電気ショックを与えて正常な状態に戻す医療機器。駅や劇場といった公的施設で見たことがあるという人も多いだろう。ガラス窓のついた箱の中に納まっている赤い機械だ。

街中で突然、人が倒れ込んだとする。見て見ぬふりで通り過ぎるのか。ただ立ち尽くすのか。命を救うのか。

救急車の到着時間は平均約九分。一分経過するごとに生存率は七〜一〇パーセントずつ低下していく。心肺停止状態から三分以上経過したら、脳の回復が困難になる。救急車が到着しても約九〇パーセントの命が失われるのだ。

でも、もしも現場に遭遇したあなたが周囲に助けを呼び、119番に電話し、みなで協力して付近のＡＥＤを探し、使用することが出来れば、八〇パーセント以上の命を救うことができる。そして逆もある。あなたが助けてもらう場合だって当然あるということだ。

受講をきっかけに、俺の中である種の義務感とか使命感のようなものが生まれた。リングから遠ざかっていく俺の、次なる戦いのステージはこういうことなんじゃないか。強さは何のためにあるのか？　強さは困っている人を救うためにある。そんな意識が生まれたのだ。

団体の枠を越えて業界全体を統括する選手の健康管理システムを確立したい。

そう考えた俺は賛同者および協力者を募った。三澤威君（新日本プロレス　メディカルトレーナー、トレーニングディレクター）に声を掛けると、二つ返事で協力を申し出てくれた。さらに山本小鉄さんに相談を持ち掛けたところ、小鉄さんを中心に組織作りへ向けて動いていこうという機運になった。

ところが、これからという時に小鉄さんが亡くなられてしまった（二〇一〇年八月二八日没。享年六八）。

一連の動きが断ち切れてしまったのだが、立ち止まってはいけない。アクションを起こしていくしかない。もう一度仕切り直そうと動き出した時、日本中を悲劇が襲った。

二〇一一年三月一一日。東日本大震災だ。

被災地を慰問

二〇一一年三月六日に、橋本選手の息子である橋本大地選手のデビュー戦の相手を務めた五日後。

俺はその日、当時表参道にあったアリストトリストのオフィスにいた。子供を託児所に預け、ミーティングを立て続けにこなしていた時だ。建物を尋常ではない揺れが襲った。思わずオフィスを飛び出し、外へ出た。表参道という土地柄、芸能人や有名人が多いのだが、見たことのある顔が何人か通りに出てきて騒然としていた。

「デカいよ」

「すごかったね」

マルティーナがあわてて子供を迎えに行った。まもなく電車が止まっているという情報が入り、帰宅できない社員の対応に追われた。それが済むと、俺は車で出勤していたため、家族を乗せて大渋滞の国道246号線を走った。

「それにしてもデカい地震だったな。あれだけデカいと高速道路は閉鎖しちゃうし、電車は止まっちゃうし、参っちゃうよな」

一向に進まない渋滞にイライラしながら、マルティーナとそんな会話をし、横浜の自宅へ何とか辿り着いた。

やれやれ、とリビングのテレビをつけた瞬間、言葉を失った。電車が止まって困る、というレベルではなかった。

「おいおい嘘だろ……なんなんだよ、これ……」

日本が終わると思った。

阪神淡路大震災の時に見た、なぎ倒された高速道路の映像は衝撃的だった。自分が生きているうちにこんな大地震が日本で起こるものなんだな、と当時は思っていた。

しかし東日本大震災は、阪神の時の被害レベルを大きく超えてしまうものだった。

三月一一日以降は連日、津波と放射能の被害が報じられ、犠牲者の数が増えていくたびに暗い気持ちになった。避難所で身を寄せ合う被災者の方々の姿をテレビで観るたび、胸が痛んだ。

それでも日本人は強かった。みなで助け合い、必死に生き抜こうとしていた。唇を噛みながらその様子を観ているうち、俺はどんどん無力感に苛まれていった。

プロレスラー生活二五年。プロレスを通してエンターテイメントというものについて、自分なりにひとつの哲学を持てるようにはなったという自負があった。でもこんな肝心な時、プロレスなんて何の役にも立てないじゃないか。俺が今までやってきたことは何だったんだろう。ショックだった。うしろめたさすら感じた。

プロレスに限らず、音楽や映画などエンターテイメントに携わる人たちは、俺と同じような気持ちになった人は少なくないんじゃないか。

人命救助に奔走する自衛隊、警察、消防、医療従事者。食糧を支援する第一次産業の方々や食品業界。衣類や衛生用品等を提供するメーカー。そういった直接的に人々の命や生活を支えていく職業は、この一大事に際して大車輪で頑張っている。それに比べて俺はなんだ。歯ぎしりとため息ばかりで、何の役にも立っていない。

そう落ち込んでいた俺に、猪木さんを長きにわたって応援している大阪のY社長から電話が入った。

「蝶野。四月五日、空いてるか？」

「え？　どうしたんですか？」

「猪木さんと一緒に被災地へ行く。一緒に行くか？」

「……考えさせてください」

「わかった」

俺は迷った。「俺なんかが役に立てるなら」という気持ちと、「かえって迷惑になるのでは」という気持ちが入り混じっていたのだ。そこで先輩レスラーたちに相談してみたのだが、

「今は行くべき時じゃない。時期を見て協力したほうがいいんじゃないか」

「売名に間違われて、被災者の気持ちを逆撫でする可能性があるぞ」

といった意見が大勢を占めていた。確かにそうなのだ。出向いていくことが逆効果になってしまうなら、寄付したり、物資を送るなり、留まったままやれることをやったほうがいい。

　そしてもうひとつ、レスラーたちが二の足を踏んでいる理由があった。格闘技路線に走り、新日を去っていった猪木さんに対し、選手たちの間で〝猪木離れ〟が進んでいたのだ。

　俺は悩んだ挙句、Y社長に連絡を入れた。

「行きます」

「そうか」

「何もしないで悩んでいるよりは、動いてみようと思いまして」

「うん」


　四月五日早朝。俺はかき集めた子供服一〇〇着を車に乗せ、待ち合わせ場所の新橋へ向かった。ミネラルウォーター三万リットル、赤い闘魂タオル五〇〇〇本、ダウンジャケット五〇〇着、女性用の肌着、そして医師団を乗せたバス二台がすでに待機していた。

　常磐道は走行できたのだが、いわき市が近づいてくると、道路に大きな陥没や亀裂が現れ始めた。被災地の詳細な情報が入手できないまま、やがて放射線量の高い区域に差し掛かり、高速を降りなければならなくなった。降りる直前のサービスエリアで休憩と朝食を摂ることになったのだが、この時、俺は猪木さんの異変に気づいた。

　あのアントニオ猪木が緊張していたのだ。

　今回の慰問チームの団長として東京を発った時の表情と全然違う。こんなに緊張し、不安そうな猪木さんの顔を見るのは初めてだった。俺の不安も倍増した。

いよいよ、いわき市の避難所に到着した。俺は猪木さんの背中越しに、早朝の体育館を見つめた。かつて経験したことのない緊張に震えた。この頃はまだボランティアで被災地を訪れる有名人はほとんどいなかった。

「まさかここで『元気ですかー』は、やれねぇしな……」

猪木さんが神妙な面持ちで呟いた。

「……そうですね」

午前中の体育館に、人はまばらだった。猪木さんと俺は端っこの方から恐る恐る入っていった。あとでわかったことだが、若い男性たちは瓦礫《がれき》の撤去などのために外へ出ており、体育館に残されていたのは年配の方々やご婦人、子供が中心だった。それでも被災者の方々は大男二人に気がつき、ざわつき始めた。

「あれ……猪木じゃない？　猪木だよね」

「……蝶野もいるよ……」

こんな時に何しに来たんだ！　と一喝されれば、物資だけを置いて、そそくさと引き返さなければならない。

猪木さんと俺は、一人ひとりの方に声を掛けて回らせてもらった。一時間くらい経った頃、意を決した一人の若者によって、重い空気が一変した。

2011年4月5日、アントニオ猪木と
ともに被災地を慰問。

「握手してください！」

場が和むと、たちまち人だかりが出来た。しばらくして若い男性たちも瓦礫の撤去作業から戻ってきたのだが、そのうちの一人が猪木さんのもとへ近づいてきた。

「ビンタ、お願いします！」

猪木さんがひきつった顔で言った。

「いやぁ……それはできませんよ……」

しかし、若い男性は真っすぐに前を見て言った。

「気持ちがむしゃくしゃしてて……切り替えたいんですよ！」

アントニオ猪木をひるませていた。目つきが違っていた。

「だから……ビンタしてください！」

猪木さんが負けた。

「……わかりました。よーし！　やるぞ！……デイッ！」

「……ありがとうございます！」

ビンタを喰らった男性の目は輝き、笑顔が弾けた。

「俺もお願いします！」

「やってほしい！」

「俺も俺も！」

いつの間にかビンタを望む行列が出来ていた。それからは猪木さんがビンタをし、俺がＴシャツなどにサインをするという即席のイベントになった。

震災発生から一カ月。避難区域の設定や災害認定など行政の対応が後手後手になっていて、被災者の人たちは復興に向けて動きたくても動けない状況になっていた。ある方が吐き出すように言った。

「蝶野さん。私たちは今、どうにも動きようがないんですよ！　家を取り壊すなら取り壊すで早くしてほしい。でも行政の判断が下りないから、どうにも出来ない。私は早く次のスタートが切りたいのに。家だけじゃなくて、町もそう。放射能のことがあるでしょう。ここに留まっていいのか、追い出されるのか、はっきりしない。私たちは早く復興したいんですよ！」

一日でも早く元の生活を取り戻す！　という熱意に驚かされた。猪木さんも俺も、東北に向かう車の中でまったく違う想像をしていたのだ。被災者の皆さんはきっと、一様に暗くうつむいて、現状を嘆き悲しみ、絶望感に打ちひしがれているに違いないと。被災から一カ月も経たない、失意のどん底にいる人たちを、どんな風に労わればいいのか。ずっとそればかりを考えてきた俺は、ハッとさせられた。

皆がそうではないが、少なくとも俺が話をした被災者の方々は逞しく、リスタートを切るための気概に溢れていた。しかし、その決意やパワーを発揮できない実状にもやもやしていたのだ。リングに立っているのに、いつまで経ってもゴングが鳴らない。そんな風に感じた。

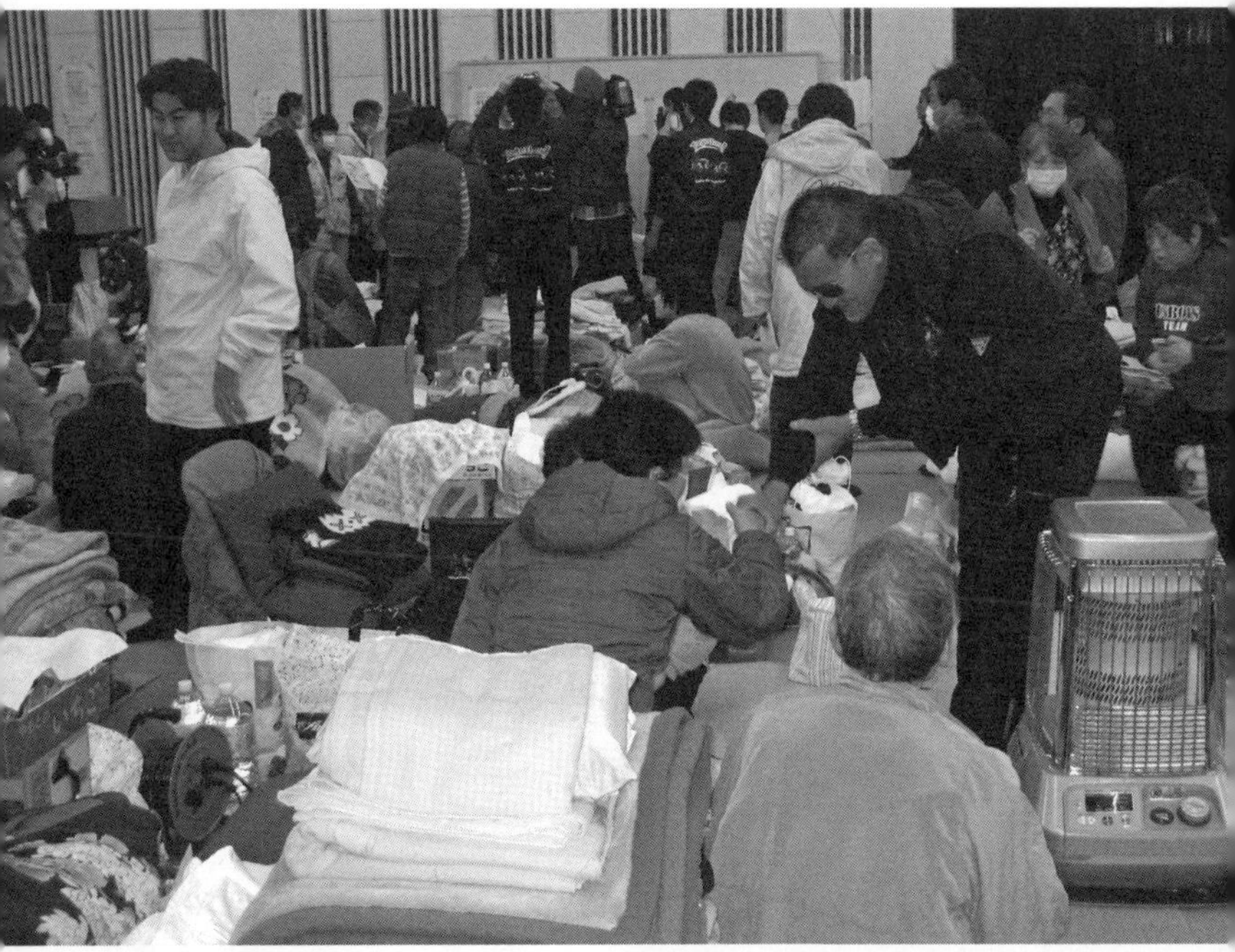

これは現場に行かないと絶対にわからないことだった。慰問チームの副団長であるY社長が言った。

「蝶野。震災から一カ月後の今はこういう状態なんだ。これが三カ月後、半年後、一年後と時間が経つと、また変わってくる。被災者の方たちの気持ちも変わっていくし、必要な物資も変わっていくんだよ」

Y社長ら大阪からのボランティアの人たちは、自身が阪神淡路大震災を経験していた。だから被災者の気持ちがわかったのだ。

「そうなんですね。俺は被災した経験がないからわかりませんでした」

「うん。被災して間もない時は、まずは安全な避難場所と、最低限必要な食糧と、水を確保したいんだ。でも一カ月も経つと、カレーライスだって食べたくもなるし、避難所に閉じ込められていることに我慢も出来なくなってくる」

「なるほど」

俺はその後、定期的に被災地を訪れたのだが、確かにあらゆる変化があった。時間が経つにつれて、被災者の方々の気持ちも、必要とされる物資も変化していった。

プロレスラーになった意味

プロレスラーの俺なんて、何の役にも立たない。そう思い込んでいた。違った。俺にも出来ることはあった。

心の支援だ。俺自身が将来に何の希望も持てない浪人時代にプロレスから勇気をもらった。エンターテイメントというのは詰まるところ、観る人々の心を刺激し、活力を与えること。これに尽きる。

猪木さんがビンタし、俺がTシャツにサインを書く。被災者のみなさんが、笑顔になり、目が生き生きと輝いていた。たとえ一時だとしても、元気になってくれた。

大切な家族や友人知人を失った人たち。家や車を流されてしまった人たち。慣れない避難所生活で身も心もすり減ってしまった人たち。生きることに疲れ切ってしまった人々が立ち直るためには、食糧や水と同じくらいにメンタルの充実が必要なのだ。

俺はその後、何度か被災地での復興チャリティープロレスイベントを開催したり、出場させていただいたりもした。観戦に訪れた被災者の方々の言葉、表情が今でも忘れられない。

「蝶野さん、ありがとう。元気をもらいました」

プロレスラーになって良かった、と心から思った。プロレスによって活力を得てもらい、明日への一歩を踏み出そうとする人たちの背中を、ほんの少し後押しすること。それが俺の役割だったのか……。

二五年やってきて、ようやくわかった。

第八章

楽しみはこれからだ

Chapter8 The pleasure will be now
2013–2020

客寄せパンダ

売名行為だと批判されることを覚悟の上で、猪木さんと被災地の慰問をさせてもらったのだが、この際に大きな気づきがあった。

ほんの束の間でも被災者の皆さんに笑顔が戻り、「元気をもらった」と言っていただけた。また猪木さんと俺が動いたことで、プロレスファンの方々が興味を示し、被災地へ目を向けてもらえた。

俺はこの時ほど、自分がプロレスラーとして名前が売れたことを良かったと思ったことはない。そして気づいたのだ。社会のために役立てるなら、売名行為と言われたって全然構わないんだと。

売名行為――ネガティブな言葉だが、そもそもエンターテイメント業界で生きていくということは名前を売ることだ。プロレスにしても芸能界にしても、良きにつけ悪しきにつけスキャンダラス性もすべて含めて、いかに名前を売るかという世界。農家は米を作って売り、メーカーは商品を開発して売る。エンターテイメント業界は自らを商品として切り売りし、一人でも多くの人に名前を認知してもらう商売だ。

俺は長年にわたってプロレスファンの皆さんに応援してきてもらった。会場に響く蝶野コールは本当に励みになったし、あの声援と拍手があったからこそ、ボロボロになりながらもリングに上がり続けることができた。そのおかげで俺は多くのプロレスファンに名前が売れたのだ。

そして今後、肝心なのは名前が売れた結果、そのネームバリューを何に使うかということだろう。東日本大震災がひとつの契機になり、俺は社会貢献活動を広く知ってもらうための〝客寄せパンダ〟になる決意を固めた。もっとクローズアップされるべき社会活動に俺が絡むことで、「蝶野がなんかやってるぞ」と世間の耳目が集まる。それこそが名前が売れた人間の使命ではないかと思ったのだ。

とはいえ、俺の知名度は猪木さんなんかに比べたらまだ足りない。プロレスを一度も見たことがないという人にも、知ってもらえている存在になる必要があると思った。

第六章でも触れたが、俺は二〇〇七年の大晦日に日本テレビ系列の『絶対に笑ってはいけない病院24時』に〝武闘派医師〟という役柄で出演した。以降、この「笑ってはいけないシリーズ」に毎年レギュラー出演することになった。

他にもNHKの子供向け番組『Let's天才てれびくん』（二〇一四年四月〜二〇一七年三月）に〝蝶野教官〟として出演したり、TOKYO MXの『バラいろダンディ』（二〇一五年一〇月〜二〇一九年九月）ではメインMCを務めるなど、バラエティ番組を中心に積極的にメディアへ露出していくようになった。

俺の知名度が上がれば、社会貢献活動を知ってもらうための客寄せパンダ効果は比例して増大していく。そうすればもっと目を向けてほしい場所に、世間の耳目が集まる。そのためだったらいくらでもピエロになろうと思っている。

振り子の心

二〇〇五年七月に橋本選手、二〇〇九年六月に三沢社長と、かけがえのない二人を相次いで見送ることになった俺は、命の意味を深く考えるようになった。

首に爆弾を抱えてリングに上がり続けてきた俺が生きていること。それは大袈裟ではなく、運が良かっただけ。橋本選手でも三沢社長でもなく、俺だったとしても何の不思議もなかったのだ。

かつては〝リングで死ねたら本望〟という美学と覚悟で戦ってきた。しかし相次ぐ盟友との別れには本当に落ち込んだ。もうこれ以上、大切な命が失われることがあってはならない――。

三沢社長が亡くなった翌年、東京消防庁の普通救命講習を受講し、俺の気持ちは人命救助というものに強く向かうようになった。その矢先に起こった東日本大震災。

誰だって明日生きている保証はない。盟友の死と未曽有の大災害に直面し、命の儚《はかな》さと尊さをより一層感じた俺は、二〇一四年七月に『一般社団法人　ニューワールドアワーズ　スポーツ救命協会』という団体を立ち上げた。

この団体はＡＥＤの重要性と、その正しい扱い方を一人でも多くの方に知ってもらうことを目的としている。また、ＡＥＤの啓発活動を通して知り合った消防庁の方から協力を要請され、消

2014年、『ニューワールドアワーズ　スポーツ救命協会』を設立し、AEDの
啓発活動に努めている。

地域防災に欠かせない消防団の認知向上をアピールするイベントに参加。

防団の認知向上のための活動にも力を入れている。

消防署と消防団の違いを御存知だろうか？　消防署は消防車や救急車が配備されていて、地方公務員である消防士が常駐している。火災発生時には現場に急行して、沈静化と人命救助を行なう。

消防団というのは、消防署の活動を助ける役割を担った、市区町村に設置されている機関だ。団員たちは日ごろはサラリーマンや自営業に従事する、いわゆる一般市民。自分たちの住む地域を守るため、ボランティアで活動している人たちだ。

東日本大震災の際も、消防団の方々は精力的に活動し地域を救い、そしてその活動の中、多くの方が命を落とされた。各地域にとって非常に重要な組織であるにも関わらず、その存在や意義が世の中に浸透していない。こういう人たちにこそ光が当てられて然るべきだし、俺が客寄せパンダになって認知向上に一役買えたらと思っている。

『ニューワールドアワーズ　スポーツ救命協会』の講演やイベントで全国を飛び回っているのだが、講師陣は俺の他に、元ボクシング世界チャンピオンの飯田覚士氏、日本ペップトーク普及協会会長の岩崎由純氏、元東京消防庁職員で現在は防災アドバイザーを務める中島敏彦氏、ミュージシャンの柴崎淳氏、そしてプロレス界からは、小橋建太氏、ＡＫＩＲＡ氏、ＫＥＮＳＯ（鈴木健三）氏らが名を連ねる。メンバーはみな「強さは何のためにあるのか？　強さは困っている人を救うためにある」という趣旨に賛同してくれた同志だ。

講習会やイベントに呼ばれ、全国を飛び回っている。

二〇代の頃からずっと、生き馬の目を抜くプロレスの世界で生きてきた。生き残るために蹴落としあい、裏切りあい、欺《あざむ》きあう。思いやりなんてものは存在しない。人が良いやつは脱落していき浮上できない。現在の業界がどういう雰囲気なのかわからないが、俺がリングに上がり続けてきた時代はそういう世界だった。

そんな油断も隙もない殺伐とした日々の中で、陽だまりのような光景に出くわしたことがあった。全く金にならなかったアメリカ・カンザス州でのプロレス武者修行時代のことだ。ニューイヤーにバスケットボール選手、野球選手、そしてプロレスラーなどあらゆるジャンルのアスリートたちが病院へ慰問に訪れる姿を目の当たりにしたのだ。

アメリカではスポーツ選手をはじめ、ハリウッドスターや歌手など有名人が社会貢献活動をすることが珍しくもなんともない、ごく日常的なものとして根付いている。しかし、当時二〇代の俺にとって、それは眩しく温かな光景だった。

また二〇〇七年にはこんな経験もした。ラジオＤＪの山本シュウさんからの声掛けで『ＲＥＤ ＲＩＢＢＯＮ ＬＩＶＥ ２００７』という厚生労働省とエイズ予防財団が主催するイベントに参加させてもらったのだ。

エイズ予防の啓発のために一肌脱ごうと、各界の著名人が一堂に会して、イベント会場を盛り上げていた。日本でもこうした社会貢献活動が活発化していることに素直に驚いたし、殺伐とした世界に生きる俺にとって会場の温かい一体感は心に沁みた。

俺は自分でも気づかないうちに、以前からこうした人々の善意の集いというものに憧れていたんだと思う。そして歳を重ね、盟友を相次いで失い、大震災にショックを受けたことで、俺の心は振り子のように、戦いとは正反対の世界へ振れたのだ。

ボランティアの精神とは「大丈夫ですか？」という一言から始まる、見返りや結果を求めない優しい気持ちのこと。でも、たったこれだけのことが出来ない人が増えている。大多数の人が、街中で倒れている人の横を通り過ぎていく。

どうしてそうなってしまっているのか。気持ちが足りないのか？　いや、俺はそうは思わない。東日本大震災の時、多くの善意が被災地へ届けられた。社会がギスギスしているだけで、日本人が本来持っている性根は優しいものなんだと俺は信じている。

気持ちがあるのに行動に移せないのだとすれば、一体何が足りないのか。

それは知識だ。困っている人に何かしてあげたいとは思う。でも、具体的にどうしていいかわからない。そんな人が多いのではないか。

『ニューワールドアワーズ　スポーツ救命協会』を通じて、ＡＥＤの正しい使用方法を啓蒙し、地域防災に尽力している消防団の存在をアピールしてくことが、俺の今後のライフワークだ。

救急車は来ない

二〇一七年にドイツに里帰りした際、俺たち家族の宿泊先から二〇〇メートルも離れていない場所で、人が撃たれて殺される事件があった。

ところが人が殺されているにもかかわらず、この事件は現地でニュースになることはなかった。報道すれば人種間トラブルや宗教間トラブルを助長することになるため、報道規制されたのだ。つまり二〇一〇年代後半の欧州はそれほど事件が多かった。治安が悪すぎるため、二〇一八年も二〇一九年も我が家はドイツへ帰省しなかった。

日本は銃社会でもなく凶悪犯罪率も世界的にみれば低いから、防犯の意識が低い。しかし地震をはじめとした自然災害大国であるにもかかわらず、防災の意識も低い。これは危険だ。

阪神淡路大震災の際、東日本の人たちは対岸の火事という感じで、それほど警戒感を持たなかった印象がある。逆に東日本大震災の際は、特に放射能問題に関して西日本の人たちとの意識にズレがあったように思える。

そして東日本大震災から八年が経った二〇一九年現在、日本中の人々の地震に対する意識は年々薄まっているような気がする。

また俺が被災地へ足を運んで感じたのは、津波被害を受けた東北、北関東の海岸部の方々の防災に対する意識の低さだ。津波の恐怖を身をもって知った方々のはずなのに、復興することに必死で防災の意識自体は高まっていないと感じたのだ。今後、南海トラフ地震、首都直下型地震、東海地震といった大地震の可能性が指摘されているにもかかわらず、だ。

防災には、『自助・共助・公助』という考え方がある。〝自助〟は自分の命、家族の命を自分たちで守るということ。〝共助〟は近所や地域の人たちと助け合うこと。〝公助〟は警察、消防、自衛隊、自治体など公的機関が支援すること。

災害が起こった時、消防、警察、自衛隊がやってきてくれる、と思い込んでいる人が多い。つまり公助があると信じ込んでいる。だが来ない。正確に言えば、来たくても来ることができないのだ。消防、警察、自衛隊などは人員も活動範囲も限界がある。有事の際にすべての人々を救うことは出来ない。彼らが必死に活動をしてくれても、助けられる人間はごく一部なのだ。

例を挙げると、俺が住む横浜市都筑区の人口は約二一万人だが、この人口に対し、区が管轄する救急車は三台しかない。都筑区は治安が良く、事故も少ない。この三台が毎日フル稼働してくれるおかげで日々が回っている。しかし、ひとたび災害が起きたらどうだろう。例えば大地震が起こり、関東広域が壊滅的なダメージを受けたら。大規模災害で関東全体がダメージを受けているのだから、近隣の自治体から救急車の応援を呼ぶことはできない。三台だ。たった三台で、二一万人都市を救えるだろうか。絶対に無理だろう。

例えば、大地震が起こり、あなたが足を骨折して激痛にのたうち回っているとする。しかし救急車はあなたの前を通り過ぎ、瀕死の高齢者のもとへ向かわなければならない。あなたが瓦礫に埋もれていても、自衛隊や消防は、流血してぐったりしている子供を先に助けようとするだろう。弱者が優先されるからだ。

つまり、あなたの元へは救急車も消防も警察も自衛隊も来ない。来たくても来ることができないのだ。

地震を止めることは出来ないから、あなたは準備をしておくしかない。地震に関する正しい知識を持ち、怪我をしないように努めること。正しい避難方法と避難場所を知っておき、いざという時に間違わないこと。自分が怪我を負ったとき、もしくは周囲の誰かが怪我を負った時の正しい救命措置や初期対応を知っておくこと。つまり公助に頼ることなく、自助と共助の力を上げていくことが防災において何より重要なことなのだ。

自伝に似つかわしくない内容かもしれないが、どうしても伝えたかった。あなたとあなたの周囲の人のために、防災に関して興味を持っていただきたいと思う。俺がそのきっかけになれるなら、と切に願う。

敗者復活戦

世の中は一パーセントのエリートと九九パーセントのその他の人々によって構成されている。

つまり、世の中のほとんどの人はエリートではない。この九九パーセントの中でも、プロレスラーはもともと社会のはみ出し者や、挫折を味わってきた人間たちが多い。

俺自身が少年時代からさんざん悪さをして、それでも周囲の人たちに叱ってもらい、手を差し伸べてもらって更生してきた。高校時代、停学の累積で本来であれば退学処分になっていたのだが、更生を信じてもらい、穏便な計らいをしてもらったことで卒業することが出来たのだ。

あの時、退学していたらプロレスラー蝶野正洋は間違いなく存在しなかったと思うし、より悪い道へ進んでいたかもしれない。

いわば敗者復活戦を与えていただいたんだと思う。おおらかな時代だったのは確かだが、それにしても現代は一度の失敗や過ちで、二度と浮上できないような社会になっていると感じる。落伍者のレッテルを張り、ミスを追及して吊し上げ、立ち直れないほどに叩く。インターネットやワイドショーなどの、まるで弱い者いじめのような総攻撃は見るに堪えない時がある。

人間は誰しも過ちを犯すのだから、もう一度チャンスを与えられる社会でなければならない。人生には敗者復活戦があるべきだと思うのだ。

プロレスラーはそれを見せていく役割を担っている。対戦相手にやられてもやられても何度でも立ち上がって向かっていく姿。大ダメージを負っても諦めず、最後の力を振り絞る姿。そういったものを体現して、観ている人たちに、少しでも元気になってもらうこと。これに尽きる。

十年ごとの戦い方

俺たちは現在、科学技術が急速に発達している時代を生きている。一〇〇年前の人たちからすれば、現代は信じられない時代なんだろう。AIが人間から職を奪うなんて未来に対する悲観的な意見もあるが、俺はあまり不安を感じていない。希望がたくさんあると思っている。例えば医療に関していえば、それこそ武藤選手が手術した人工関節の技術などはもっと完成度が高くなっていくだろうし、がんをはじめとした治療困難な病気もどんどん治っていくんじゃないか。

時代や技術が進むにつれて、人間も進化していくはずだ。現代人は大量の核兵器を持っているが、広島と長崎を最後に使われてはいない。俺は人の良心を信じている。だから一〇〇年後の未来も明るいと思っている。

自分の未来について、ふと考えることがある。俺は二〇一九年九月一七日で五六歳になった。「人生一〇〇年時代」と言われているから、折り返しに入ったわけだ。これから二〇年、七五歳くらいまではバリバリ仕事をしようと思うし、しなければいけないだろうと思っている。だからこそ七〇代でも元気に働けることを目標にして、健康管理をしていかなければならないと戒めている。

七〇代後半からは自由に旅行でもしたい。俺は周囲からたびたび「働き者」だとか「精力的」

だとか言われるのだが、本来はかなりの怠け者だ。新日本プロレス時代、巡業明けの合宿所で三日間のオフがあった際、俺は毎日寝て過ごして三連休が終わっていたこともある。だから本当は一週間何もしないでゴロゴロ眠っていたいと思うし、たぶんそれが出来る。

それでも五〇代後半にさしかかる今、毎日働いているのは、俺なんかを必要としてくれる人たちがいるからだ。自分のために動くことは面倒だが、人のためになら動くことができる。

現在は週五日で働いてるが、今後は週四、週三と年代に合わせて少しずつペースを落としていこうと思っている。サボるという意味ではない。体力的に週五日働くことが難しくなってきたら、週四日にして集中するという意味だ。経験値が上がるのだから処理能力も上がる。そうすれば若い頃に週五日かかってこなしていた仕事も、週四で片付けられるようになる。

働き方改革が叫ばれているが、あれは体力を鑑《かんが》みた年代別にするべきじゃないかと常々思う。体力が有り余っている二〇代に「もっと休め」と言うのも、体力的にしんどくなってくる五〇代に「もっと働け」と言うのも酷だ。

二〇代は寝ないで働ける、遊べる。だからめちゃくちゃに働いて、めちゃくちゃに遊べばいい。

三〇代は上司と部下の間で悩み、家庭を持ったり、あれこれ悩んで考える時代だ。担う役割が増えてくるから遊びを削らなければならない。

四〇代はまさに働き盛りだ。業務の中軸を担う。しかし三〇代の頃に比べると体力が落ちてくる。週二日はしっかり体を休めて戦わなければならない。

五〇代はさらに体力が落ちる。休憩の割合を増やさなければならない。やるべきことを見定めて、ひとつのことを集中して仕上げていく。少し離れた場所から全体を見渡し、若い人間たちに助言を与えていく立場にならなければならない。

それぞれの年代での〝戦い方〟というものがあるはずなのだ。しかし現代の日本の社会は、五〇代、六〇代、七〇代の活躍の場を奪う形になってしまっていると感じる。

自身の経験を人に伝えていくこと。啓発していくこと。これが五〇代以上の人たちが担うべき役割ではないか。ベテランと呼ばれる層、キャリアを積んできた人たちは、たくさん失敗を重ねながら仕事を成してきた。だからこそ自分の経験をもとに、周囲を見る余裕のない若い世代の人たちへアドバイスを送ることができる。失敗談こそが貴重な生きた教材なのだ。

六〇代、七〇代が監督として全体をまとめる。五〇代は監督としては若すぎるから、コーチという位置づけがちょうどいい。四〇代がチームを引っ張り、三〇代が精力的に動き、二〇代はがむしゃらに頑張る。

社会がそんなチーム構成で機能するようになれば、日本の未来は明るいはずだ。

花道

プロレスのリングを離れてから、有難いことにバラエティ番組や各種イベントに呼んでもらえることが年々増えている。中でも〝応援団〟とか〝応援大使〟という形でお声が掛かるのは嬉しい。『公益財団法人　日本消防協会　消防応援団』や『一般財団法人　日本AED財団　AED大使』といった、俺自身が力を入れている活動の普及を目的とした役に、俺を使ってもらえるというのは光栄の極みだ。

中には『ガールズ&パンツァー応援大使』なんて、プロレス時代の俺を知っている人には異色とも思える応援活動もさせてもらっている。『ガールズ&パンツァー』（通称ガルパン）というのは、女子高生が戦車を操るアニメ作品だ。縁あって応援大使を拝命してイベント等に出演しているのだが、会場には俺のことを知らない人もたくさん来られる。そもそもプロレスを知らない、見たこともないという人たちだ。イベントにはガルパン好きが集まるのだから、そんな方々がいて当たり前。「どうしてこんなゴツイおっさんがいるんだ？」と思われている方もいるかもしれない。

俺のことを知ってくれているとしても、例えば防災関連のイベントなどで、「どうしてこんなところに蝶野がいるんだ？」と首を傾げている方もいるだろう。

アウェイとは言わないが、そういう皆さまにもイベントを楽しんでもらえるよう、今後も精一杯務めさせていただこうと思っている。

そう考えると、ほぼ一〇〇パーセントの人が俺のことを知っているプロレス会場というのは間違いなく〝ホーム〟だ。俺が何をやっても「チョーノ！　チョーノ！」と盛り上がってくれて、

2019年2月15日・後楽園ホール、
『PRO-WRESTLING MASTERS』
にTEAM2000の総帥として参戦。

本当に気分がいいものだ。

二〇一九年二月一五日。武藤選手から声を掛けてもらって、『PRO-WRESTLING MASTERS』という大会に参加した。

久しぶりの〝ホーム〟は温かかった。プロレスを愛してくれている人たちの声援と拍手は、本当に優しく温かいのだ。ベテランレスラーが、体がボロボロになりながらもリングに上がり続けることが出来る理由は、間違いなくこれだろう。

当日、リングに乱入したのだが、よくケンカキックが当たったものだと思う。二〇〇五年のG1での藤田戦で右目を痛めて斜視になって以来、相手との距離感が摑めない。見えないわ、動きは遅いわ、散々な状態だったわけだが、他のベテランレスラーたちも、これまた動きが遅い。だから当たったのだ。

八〇年代後半から九〇年代に活躍したベテランレスラーたちによる祭典、なんて言うと聞こえはいいが、年配レスラーへのチャリティみたいなものだ。いやいや、レスラーが歳をとったのだから、ファンも記者もカメラマンたちも、みんな歳をとっていた。中には頭が真っ白なカメラマンもいて、ちゃんとシャッターが切れるか心配だったのだが、俺たちの動きが遅いから大丈夫だったようだ。もはや会場は同窓会のような温かな雰囲気に包まれていたのだが、それがまた楽しくて、すこぶる良かった。

それにしても武藤選手は元気だ。人工関節手術をして、まだリングに上がろうとするんだから恐れ入る。三銃士の中で一番早く引退するものだと思っていたから、本当に驚きだ。

この日、俺は選手としてではなく、『TEAM2000』の総帥として、天山広吉&ヒロ斎藤&AKIRA&スーパーJ組のセコンド役で参戦した。選手として最後に試合をしたのは、二〇一四年四月一三日の道頓堀プロレスの大会だったらしい。らしい、というのは覚えていないからだ。今回の自伝にあたって、改めて自分の半生を振り返って調べてみて、「へぇ、そうだったんだ」と他人事のように感じた。

現在のところ、これが事実上の引退試合ということになるわけだが、今後あらためて大々的に引退試合をやろうという気はない。目や首をはじめ、体がボロボロだからというのが理由ではない。特別な引退試合というのはベビーフェイスだったレスラーが華々しくやるべきもので、ベビーを引き立てるヒールだった俺には必要ないと思っているからだ。

なんせデビュー戦は、開始三〇分前に告げられて、あわててリングに上がり、試合内容もよく覚えていない。だったら最後も、特に大げさなものでなくてもいいんじゃないか。そのほうが俺らしいといえば俺らしい。

最高のプロレスラーは?

これまで俺が戦ったレスラーの中で最高の選手は？　と問われたら「武藤敬司」「橋本真也」

現在、リングで試合をすることはないが、プレイヤーとは
違った形でプロレスに関わっていこうと考えている。

と答える。

俺たちは対戦する時、向かい合いながらもお互いを見ていなかった。視線の先にはいつもお客さんがいた。戦いは削り合いではなく、お客さんを巻き込みながら一緒に創り上げていくもの……そんなイメージを共有できていた。だから会場がどっと沸いた時は、勝敗はどちらでもいいとさえ思えたのだ。

闘魂三銃士は互いに「こいつは俺を裏切るかもしれない」という心配がなかった。不満がなかったわけじゃない。橋本選手の容赦ないキックに対しては「ここまで蹴ってくるのかよ！」と嫌気がさしたこともあるし、こだわりの強い武藤選手には「そこまでカッコつけるのかよ！」とムカついたこともあった。ただし、ライバルではありながら根底に持つ価値観は一緒だったと思う。

当時の日本人レスラーには、その気持ちが少なかったように思う。自己主張はもちろん必要なのだが、それが先行してしまってお客さんが二の次になってしまっていた。

アメリカのレスラーたちは今も昔もお客さんを楽しませるという精神がすごく強い。というか、当たり前の意識としてみんな持っている。

日本のリング史においては、勝負論的な要素が色濃くなった時代もあったが、闘魂三銃士はいつも対戦相手ではなくお客さんを見ていた。

現在の新日マットは、お客さんをしっかり見て、存分に楽しませる世界観を創り上げていると思う。

白と黒でひとつ

人間には裏表がある。

優しさの中に厳しさがあり、残酷な中に希望が潜んでいる。人は誰しもが殺意に近い怒りの感情を持つが、助け合って協調していく社会性も持っている。

俺の半生もそうだった。不良になり、喧嘩に明け暮れ、暴走族に入った。一方で、親には絶対に歯向かわず、弱い者いじめは許さず、サッカーに熱中した。どちらかではない。両方とも俺だ。

レスラー生活もそうだった。白い時代も、黒い時代も、両方とも紛れもなく俺だ。そもそもレスラーという存在は、人間の二面性を表現する者たちなのかもしれない。怒り狂い、助け合い、仲間になり、裏切る。人間臭さをリング上で表して、観る者に訴えるのだ。

人を蹴落としてでも前に進むこと。頑張っている人に敬意を表し、道を譲ること。俺はその両方の選択の間を行ったり来たりして、迷いながら生きてきた。一〇〇パーセント混じりっ気のない気持ちなんて、ない。一〇〇パーセントの善意はないし、完全な悪意もない。つまり一〇〇パーセント善人もいなければ、悪人もいない。いつも人は揺れながら、気持ちと気持ちの間を行ったり来たりしている。二つで一つという気がする。

良かれと思ってやったことが、かえって迷惑になっていることもある。意図もなくやったことが、誰かを助けていることもある。盲信してはいけないし、疑ってばかりでもいけない。葛藤するから人間なのだ。

人は葛藤し続けていくこと、考え続けていくことを死ぬまでやめてはいけない。そのためには、何歳になっても好奇心を持ち続けることだろう。俺がレスラーとして、アパレル会社の社長として、そして芸能界でサバイブすることが出来たのは、考え続け、葛藤し続け、常に新しいことにチャレンジしようとしてきたからだと思う。

二〇一九年九月で五六歳になった。これからの人生が楽しみで仕方がない。

エピローグ—旅は終わらない—

Epilog Travel doesn't end

人生にはいろんなステージがある。仕事でも家庭でも友人関係でも、それぞれの顔があり、人はそれぞれを演じ分けて生きている。

現在の俺にしてもアパレル会社経営、防災救命の啓蒙活動、芸能関係など様々なステージがある。そしてプロレスは昔も今も、俺にとって根っことなる大きなステージだ。

もうリングに上がっていない？　その通りだ。しかしリングに立っていなければプロレスラーではない、という考え方に反発する気持ちがある。リングに立っていなくてもプロレスラーであるところを見せたい、と思っている。俺は今もプロレスラーだ。

もしかしたら二年後くらいに団体を作っているかもしれない。あるいは全く違うアプローチでプロレスしているかもしれない。俺自身、俺の未来は全く読めなくて、それが刺激的でいいと思っている。

芸能界には俳優、芸人、アイドル、文化人、歌手など様々な人種が混在している。どれも芸能界を主戦場にしている人たちだ。だからテレビに出る際、プロレスラーは所詮プロレスラー、専門外の人間という見方をされる。

今の俺にはそういう意地悪な見方が張り合いになっている。ベテランのタレントやプロの芸人に勝つのは難しくとも、同じようなスポーツ選手枠で出演している横綱には負けたくないし、ボクシング世界王者にも負けたくない。プロレスラーのほうが上なんだぞ、というところをみせたい。そんな気持ちが活動の原動力になっている。プロレス界を背負っている、なんて大それたことは思っていない。一人のプロレスラーとして、力があるところを見せつけてやりたい。そう思っているだけだ。

プロレスの場合、選手は試合という商品を生産するのが仕事だ。興行というのは生産物を宣伝広報し、集客し、販売していかなければならない。俺は三五年のプロレス人生で、その両面を学んで身につけることができた。

プロレスで培った自己プロデュース力をプロレスに還元していきたいし、力を入れている社会貢献活動、アパレル、芸能活動、さらには他のジャンルでも生かしていきたい。

今回、この自叙伝を執筆し、改めて自分の人生を振り返ってみた。

中学時代から校則違反の常習で、高校時代は四度も停学。よく卒業させてもらえたと思う。本当に先生方には迷惑を掛け、親には心配を掛けた。いまだに反省しています。警察のお世話になったり、それ以上に多い、見つからずにすんでいる悪事……今となっては記憶に遠い思い出として見逃してもらいたい。

改善と更生をしたいと考え、進路や人生に焦り悩んでいた若き日の自分。人生は何度かトンネルを経験する。短い時もあれば、長い時も。今がトンネルなのか、出口なのか入口なのか。後になってみなければわからない。

二十歳《はたち》の時、もしプロレス界に入っていなかったら、どんな所でどんな社会教育を受けたのか。業界に関わり三五年、社会人として初めて就いた職がプロレス。プロレスに多くの経験と勉強をさせてもらい、改めて新日本プロレス、プロレスに感謝しています。

日々正しく生きる事を怠り、成人を迎えた俺。そんな出来の悪い新人を厳しく指導、教育してもらった。そして多くの経験を積ませてもらった。

山本さん、荒川さん、猪木さん、坂口さん、藤波さん、長州さん……お世話になった方々の名前を上げたらキリがない。

人生には幾つもの交差点がある。そんな時、先輩たちが通った道が道標となり、力になった。先輩たちには、本当に感謝しかないと感じています。

そして、最も感謝しているのは、三三年間連れ添っている妻のマルティーナだ。彼女がいなければ、多分俺はなまくらだったと思う。知り合ってから現在まで、どんな時も俺を支えてくれて

TEAM 2000

いる。仕事か女か迫られれば、俺は間違いなく、妻マルティーナを選択するつもりでいる。

感謝の気持ちは忘れちゃいけない。

何処に行けば良い道標に会えるのか、知っているなら教えてもらいたい。

今がトンネルなのか外なのかも、今の時点ではわからない。

相変わらずの俺だが、もうしばらく俺の旅に付き合ってくれ。

プロレス三五周年、改めて全てに感謝したい。

「One Love 神に感謝」　二〇二〇年　蝶野正洋

蝶野正洋　経歴

プロレス

■獲得タイトル

・IWGPヘビー級王座（第22代王者）
・IWGPタッグ王座：7回（第12・25・28・33・34・43・48代王者）　※パートナーは武藤敬司（12・33代）、天山広吉（25・28・34・43・48代）
・NWA世界ヘビー級王座（第75代王者）
・NWAセントラル・ステーツTV王座（第32代王者）
・WWA世界ヘビー級王座（第2代王者）
・HCWヘビー級王座（第2代王者）
・AGPW北米タッグ王座：1回　※パートナーは、ボブ・ブラウン
・CWFタッグ王座：1回　※パートナーは、マイク・デービス

■リーグ戦優勝

・G1 CLIMAX優勝：5回（1991年・1992年・1994年・2002年・2005年）※優勝5回は最多記録
・SGタッグリーグ優勝：2回（1995年・1997年）
※パートナーは、天山広吉（95年）、武藤敬司（97年）
・ヤングライオン杯優勝：1回（1987年）

■プロレス大賞（東京スポーツ新聞社制定）

・最優秀選手賞（MVP）：1回（1997年）
・最優秀タッグチーム賞：3回（1990年・1995年・1996年）※パートナーは、武藤敬司（90年）、天山広吉（95年）、天山広吉・ヒロ斎藤（96年）
・殊勲賞：1回（1992年）
・敢闘賞：2回（1991年・2002年）

■役職

・新日本プロレス取締役（2002年就任）
・新日本プロレス興行責任者（2002年就任）
・新日本プロレス選手会長（1992年就任）

役職／団体／大使

■名誉役

・公益財団法人 日本消防協会 消防応援団
・公益財団法人日本AED財団 AED大使
・一般財団法人 日本気象協会 熱中症予防PR大使
・公益社団法人 全国老人福祉協議会『第12回 介護作文・フォトコンテスト』アンバサダー
・消防団員等公務災害補償等共済基金『消防団員の公務災害防止のための啓発ポスター』登用
・茨木県いばらき大使
・茨木県大洗町 大洗大使
・三重県 みえのイクボス同盟スペシャルサポーター
・警視庁『二輪事故防止啓発』イメージキャラクター
・警察庁『青少年非行防止キャンペーン』イメージキャラクター
・神奈川県警察『一日防犯大使』
・神奈川県警察 相模原南警察署『暴力団排除対策特命大使』
・神奈川県警察 都筑警察一日署長
・海上自衛隊護衛艦『ちくま』一日艦長
・海上自衛隊護衛艦『ゆうぎり』一日艦長
・海上自衛隊護衛艦『さわぎり』一日艦長
・海上自衛隊護衛艦『やまぎり』一日艦長
・バンダイナムコアーツ社 ガールズ&パンツァー応援大使
・テレビ朝日 ワールドプロレスリング特別解説者
・大阪スポーツ&九州スポーツ客員編集長
・『第11回 大阪モーターショー』スペシャルサポーター
・一般社団法人 日本メンズファッション協会『第15回グッドエイジャー賞』
・『第16回 日本メガネベストドレッサー賞』スポーツ界部門

■感謝状

〈消防〉
・東京消防庁「消防総監感謝状」
・東京消防庁 品川消防署
・東京消防庁 荒川消防署

・東京消防庁 金町消防署
・横浜市都筑区消防署
・一般社団法人 東京都消防協会
・上野消防団
・川崎市消防団

〈警察〉
・警視庁生活安全部
・神奈川県 相模原南警察署
・神奈川県 都筑警察署
・神奈川県 港北警察署

メディア出演

■CM
・日本マクドナルド社『グラコロ』
・KDDI社『auひかり』／WEB
・東邦社『ウタマロ石鹸』／WEB
・ミクシィ社『モンスターストライク』
・一般財団法人 BOAT RACE振興会『ダイナマイトボートレース』
・ソニー・コンピュータエンタテインメント社『プレイステーション3・スターターパック』
・ユニバーサル・スタジオ・ジャパン社『ハロウィーン・ホラー・ナイト』PV
・ラクスル社
・P&G社『プログライド』／WEB
・ユークス『レッスルキングダム（PS2）』
・サントリー『見上げてごらん夜の星を』篇
・サントリー社『-196℃・ストロングゼロ・ダブルレモン』
・サントリー社『ジョッキ生・8』
・テクモ社『NINJYAGAIDEN2』
・フジ・コーポレーション社『タイヤ&ホイール館フジ』
・産経新聞社／イメージキャラクター
・富士紡社『B.V.D.』
・東洋水産社『マルちゃんソース焼きそば』

■TVレギュラー

・NHK Eテレ『Let's 天才てれびくん』

・日本テレビ『ダウンタウンのガキの使いやあらへんで笑ってはいけない大晦日SP』

・テレビ朝日『ワールドプロレスリング』解説

・毎日放送『ちちんぷいぷい』コメンテイター

・TOKYO MX『バラいろダンディ』MC

・テレビ神奈川『蝶野正洋のDADMAN MORNING』MC

・CSテレ朝チャンネル『ワールドプロレスリング オレの激闘!ベスト5』MC

・BSフジ『蝶野正洋の経済ブレーンバスター』MC

・J-sports『蝶野正洋プロデュース STRONG STYLE MANIA』MC

・AbemaTV『原宿アベニュー』コメンテイター

■ラジオ

・TOKYO FM『ARISTRIST 蝶野王国』メインパーソナリティー

■YouTube

・公式チャンネル『CHONO Network』

■書籍

・企画発案『防災減災119』(主婦の友インフォス)

・『生涯現役という生き方』(KADOKAWA)

・『闘魂三銃士30年』(ベースボールマガジン社)

・『プロレスに復活はあるのか』(青志社)

・『会社に負けない喧嘩の仕方』(ワニブックス社)

■連載

〈新聞〉

・大阪スポーツ社&九州スポーツ社『世相斬り』

・デイリースポーツ社『黒のカリスマ・蝶野正洋 平成プロレス史』

・デイリースポーツ社『蝶野正洋の唯我独尊サッカー論』

〈週刊誌〉

・日本ジャーナル出版社 週刊実話『黒い履歴書』

・講談社 MEN'S CLUB『書評連載』

・コアマガジン社 ブレイクマックス『男の説教部屋』
・学研社 GET ON！ 連載
・バウハウス社 スリル 連載
・ベースボールマガジン社 週刊プロレスデビュー30周年記念連載『俺の道～The Black Road』
・ベースボールマガジン社 週刊プロレス『ARISTRIST蝶野王国』
〈WEB〉
・日刊スポーツ社 モバイルサイト『ニッカン☆バトル』

■漫画

・小学館社 週刊ヤングサンデー／原作原案『白兵武者 戦国近接戦闘僧兵伝』

■映画

・松竹社&日本テレビ者社提携作品『beck』
・ワーナー・ブラザース社配給『大怪獣バトル ウルトラ銀河伝説』声優
・東京テアトル&オフィス北野配給『監督・ばんざい！』
・東宝社配給『永遠の1／2』

・Vシネマ『不動1』『不動2』主演

■音楽

・ボーカル&作詞『FIGHT&LOVE』
・『ガールズ&パンツァー』タンソンミニアルバム

本文写真……山内猛、有限会社アリストトリスト
本文構成……中大輔
本文デザイン……小林こうじ
協力……有限会社アリストトリスト

＜著者略歴＞
蝶野正洋（ちょうの・まさひろ）
1963年9月17日、父の赴任先である米国ワシントン州シアトルで生誕。2歳半の時、日本に帰国。1984年、新日本プロレスに入門し、同年10月5日にデビュー。87年に2年半に及ぶ海外遠征に出発。遠征中に武藤敬司、橋本真也らと闘魂三銃士を結成。91年、第1回G1クライマックスに優勝し大躍進を遂げ、同年マルティーナ夫人と結婚。以後、G1は前人未到のV5を達成。92年8月には第75代NWAヘビー級王座を奪取。96年にはnWoジャパンを設立して一大ブームを起こし、その後、TEAM2000を結成。2002年に新日本プロレス取締役に就任し、東京ドームでの三沢光晴戦・小橋建太戦など夢の対決を実現させる。2010年に新日本プロレスを離れてフリーとなったが、いまなお絶対的な存在感を放ち、黒のカリスマとして、プロレス界に君臨し続けている。
芸能活動では、数々のテレビ番組に出演。ウッチャンナンチャン、とんねるずの番組に準レギュラー出演し、ダウンタウンの「ガキの使い大晦日スペシャル」には2007年からレギュラー出演。NHKでは「ニュースウオッチ9」の他、子供向け教育番組「Let's 天才てれびくん」に蝶野教官としてレギュラー出演。TV以外には北野武監督の映画、イベント、講演等にも出演している。
マルティーナ夫人は蝶野正洋総合プロデューサーとして、ガウン・コスチュームを手掛け、1999年にアパレル・ブランド「ARISTRIST（アリストトリスト）」を起業。デザインコンセプトは黒を基調としており、アパレルからグッズ、アクセサリー、サングラスまで幅広いデザイン展開を行っている。現在、銀座店、オンラインショップで販売を行い、数々のコラボも手掛けている。
2010年からは「AED 救急救命」「地域防災」の啓発活動、東日本大震災の復興支援活動を行い、2014年には一般社団法人ニューワールドアワーズスポーツ救命協会を設立。消防を中心に広報啓発の支援活動を行っており、公益財団法人 日本消防協会「消防応援団」、公益財団法人 日本AED財団「AED大使」を務め、総務省消防庁、東京消防庁、警視庁をはじめ、さまざまな行政から感謝状をいただく。

自《じ》叙《じょ》伝《でん》 蝶《ちょう》野《の》正《まさ》洋《ひろ》 I am CHONO

2020年2月20日　初版第一刷発行
2020年3月25日　初版第二刷発行

著　者　蝶野正洋
発行社　後藤明信
発行所　株式会社竹書房
〒102-0072 東京都千代田区飯田橋2-7-3
電話 03-3264-1567（代表）
電話 03-3234-6301（編集）
http://www.takeshobo.co.jp
印刷・製本　中央精版印刷株式会社

無断転載・複製を禁じます。
©Masahiro Chono 2020　Printed in Japan
ISBN978-4-8019-2157-3 C0093
定価はカバーに表示してあります。
落丁・乱丁の場合は当社までお問い合わせください。